JN072024

# ガロア

## 天才数学者の生涯

加藤文元

角川文庫
22016

# はじめに

数学においては、若い頃でないとなかなか大きな仕事ができない、とよく言われます。確かに、数学史上にも残る重要な仕事の多くは、歴史上の数学者たちが二十代前半や、遅くとも三十代の頃に残した業績です。その中にあって、ガロアの業績と人生は、特に際立っています。

エヴァリスト・ガロアは、今から約二百年前の一八一一年にパリ近郊で生まれた人です。彼は近代数学史上最大の発見と言っても過言ではない、巨大な業績を残しました。ただ単に何らかの問題を解いた、というだけにとどまりません。その業績は、それ以後の数学の歴史を根本から変えたのです。パラダイムを変えた、と言ってもいいでしょう。彼のもたらした原理や考え方は、現在でも数学研究の基層に生きていますし、数世紀先の未来でも同様でしょう。

しかしそのガロアは、実は二十歳で死んでいます。彼にとって、数学を学び始めてから数学で大事業を成し遂げるまでの時間は、ほんの数年間しかなかったはずなので

15歳の頃のエヴァリスト・ガロア

す。現在の我々の状況に翻訳すれば、高校生が突如として現代数学において大発見をする、という感じになるでしょう。しかも、それは単なる発見ではなく、その後の歴史の数世紀分を変えてしまうような種類の巨大で深遠な金字塔なのです。そんなことが本当に可能なのか？　と疑いたくなってしまうくらいです。

この事実だけでも、ガロアという天才少年の生涯を興味あるものとするに十分でしょう。しかし、彼の人生は天才数学者としてだけでは語れない、実に波瀾《はらん》に満ちたものです。彼は数学に没頭する傍らで、当時の難しい時代背景を反映して、過激な政治運動にも身を投じていきました。そして、その死は未《いま》だに謎に包まれています。彼は決闘で死んだと言われていますが、その経緯や理由はよくわかっていません。二十歳前後の若者が政治活動に身を捧《ささ》げ、決闘で命を落とす。数学の天才ガロアが生きた時代とは、このような時代だったのです。

私は大学で「ガロア理論」を学んで以来、研究・教育活動においてもガロア理論を空気のように使ってきましたが、そうした中でも折に触れて、ガロアという人に興味を持ち、様々な伝記を読んできました。その中には、この本でもたびたび言及するインフェルトの本やベルの本（巻末の「参考文献」を参照）もあります。なにしろ、「二十歳のときに決闘で死んだ天才数学者」です。その人生は多くの人々によって様々に

ブール・ラ・レーヌ町営共同墓地にあるエヴァリスト・ガロアの墓。もっとも、ガロアはここには埋葬されていない。ガロアが埋葬された場所は、パリのモンパルナス墓地内であることは分かっているが、詳細な場所は不明である

語り伝えられてきました。そこには「悲劇の天才」とか「天才と狂気」といったセンセーショナルな謳《うた》い文句が多く並んでいます。同時代の数学者たちからは不当に無視され、エコール・ポリテクニーク入学試験においては悪しき試験官の嘲笑《ちょうしょう》の餌食《えじき》となり、不毛な教育制度と卑劣な社会の荒波の中で、結局は人生を台無しにしてしまった悲劇の天才。伝記作家たちによって、このような〈ガロア像〉が次第に形成されてきたのです。

　しかし、最近の数学史の研究者た

ちの報告などに目を向けることで、このような通説化したガロア像には、多くの間違いがあることもわかってきました。謎に包まれているその生涯と、人類史上においても奇跡的なその数学上の業績を残すまでの経緯を、今一度概観してみたいというのが、私がこの本を書こうと思ったきっかけです。

ガロアの人生について考える場合、その時代背景を理解することは重要でしょう。通説的なガロア像は、時代の荒波の犠牲となっている彼を描きますが、それがどこまで本当のことだったのでしょうか。この本を読むと、ガロア自身に関する記述だけでなく、当時の社会や風俗についても多めに紙数を割いていることに気付くでしょう。当時のガロアを取り巻いていた光景がどのようなものだったのか、ということに目を向けたかったからです。また社会的・政治的背景のみならず、数学史的な観点も多く取り入れています。西洋数学史の流れの中で、ガロアの業績はどのように位置づけられるのでしょうか。このような問題も、技術的な数学の記述を避けて、できるだけわかりやすく考えてみました。

ことに数学においては、ガロアがサント・ペラジー監獄に拘置されているときに書いたと言われている『序文』の意義が大きいです。この文書は、過去にあまり紹介されてきませんでしたし、その意義についてもあまり深くは考察されてこなかったように思います。この本では、この「恐るべき」意義深い文書の全訳を掲げました。死の半年前という時節に、ガロアはどのような数学観を持っていたか、というちょっと魅力的な問題についても考えてみたかったからです。

歳前後の若者と言えば、私が日頃から接している大学生くらいの年代ということになります。偉大な数学の天才を見るときの畏敬《いけい》にあふれた視線ばかりでなく、私が普段から学生さんたちに向けているような親しみをこめた視線を、ガロアにも向けてみたい。そうした場合、その後景には何が見えてくるでしょうか。社会的背景という横軸と、数学史的背景という縦軸の交点に、私の〈ガロア君〉を置いてみること。これがこの本を書きながらの、私の目標でした。それが成功したかどうかはわかりませんが、数学に興味ある方々だけでなく、数学はちょっと苦手だと思っている方々にも、（数式はほとんどまったく出てきませんし）お楽しみいただければ幸いです。

ガロア　目次

※フランス現地の写真はとくに断りのない限り筆者撮影（２０１０年２月）

※引用箇所における〔　〕は著者（加藤）による補注である

# 第一章　少年時代

# 1　ガロアとその家族

## ガロアの生きた時代

エヴァリスト・ガロアが生きた時代、一八一一年から一八三二年までの約二十年間は、一七八九年のフランス革命から一八五〇年代のオスマンによるパリ改造までの約六十年間の、ほぼ中央に位置している。この六十年間のフランスは、フランス革命とそれ以後の動乱の中で、近代化への胎動とそれによって引き起こされる数々の矛盾が複雑に交錯した、混迷の過渡期にあった。その中にあって、ナポレオン体制の衰退・終焉《しゅうえん》後の保守反動からブルジョワ革命（七月革命）・近代工業化への始動にいたるこの〈真中の二十年間〉には、時としてテロや暗殺をも伴った先鋭的な政治闘争のみならず、民衆レベルにおいても下層社会の貧困、劣悪な都市環境といった近代化の矛盾が、激しく社会を揺り動かしていた。

フランス革命以後の〈最初の二十年間〉は、言うまでもなく革命の振り子が大きく、そして激しく振り切れた時代である。一七八九年七月十四日のバスティーユ監獄襲撃以来フランスの政体は、一七九二年八月十日蜂起《ほうき》による王政廃止と公安委員会による集団指導体制、これがジャコバン党独裁と恐怖政治に発展し、一七九四年七月二十七日のいわゆるテルミドールのクーデターにより恐怖政治が終わると、翌年からは五人の総裁による総裁政府、一七九九年十一月九日のブリュメールのクーデターからはナポレオンによる執政政府へと続き、一八〇四年のナポレオンによる帝政の完成へと目まぐるしく変化した。そしてそれ以後も帝政の崩壊、一八一四年の王政復古、ナポレオン百日天下へと続く。

史実としてのフランス革命は、遅くともナポレオンの戴冠《たいかん》による帝政の完成までで終わりとされているから、いわゆるフランス革命期はこの最初の二十年間にすっぽり収まり、それ以後の時代は〈革命以後〉ということになる。しかし、だからといって社会が安定したわけでは決してなかった。むしろ党派に分裂した人々の戦いは、時に表面化し、時に内面の憎悪となって、社会の隅々にいたるまで人々の暮らしや生き方に影響し続けた。街角を徘徊《はいかい》する民衆は、その上、貧困や劣悪な環境にも呻吟《しんぎん》していたのである。一般大衆が近代化の果実を享受できるようになるには、まだまだ長い時間がかかった。その意味で、我々が今注目しているこの〈真中の二十年間〉という時代は、急激な近代化の波の中で、それまで誰も経験したことのなかった実に多種多様な矛盾が社会にはびこり、大衆社会はいつまでたってもその解決の糸口すら見えてこない窒息状態の時代だったと言えるだろう。

実際、当時のパリの都市環境は極めて劣悪であった。革命以後、パリの人口は急激に増加する。十八世紀には四十万から五十万人程度を推移していたパリの人口は、十九世紀最初の五十年間で実に二倍以上に増加した。その間、政府はこれといって大がかりな都市改造を行ってはこなかったのであるから、当然の結果として都市環境は急激に劣化する。狭い路地の入り組んだ中にびっしり建てられた陋屋《ろうおく》は常に街路から太陽の光を遮り、路地の中央溝には汚物があふれ、あたりには異臭が漂っていた。今の我々にはとても想像できない状況だったのである。この悪臭漂うパリの窒息状態は、同時にそこに徘徊して呻《うめ》き声をあげる人々の心の状態でもあった。疑心暗鬼と陰謀渦巻く上・中流家庭、民主と共和の理想に燃えながら自分の生命をも持て余す若者たち、汚物と異臭に塗《まみ》れた下層社会、都市の腸《はらわた》たる下水道の怪物。これら革命以後の混乱した社会における揺るがし難い矛盾のすべてが、一度に、急速に、しかも明白な形で現出したのが、ガロアの生きた時代だったのだ。

　その意味で、有名なヴィクトール・ユーゴーの『レ・ミゼラブル』の時代設定が、ほぼこの時期と重なる一八一五年から一八三三年になっているのは、単なる偶然の一致ではないだろう。この壮大な叙事詩の中でユーゴーが描き出しているのは、どうしめたよく矛盾した社会の中で呻吟する人々であった。これら「レ・ミゼラブル〈惨は、パリのどの街角にもいた〈普通の人々〉だったのだろう。そして、これから筆者がまうとしているガロアや、それを取り巻く人々も、やはり同様に

「レ・ミゼラブル」なのである。

現在のブール・ラ・レーヌ中心部

## ガロア家

さて、十九世紀初め頃、パリ近郊の小村ブール・ラ・レーヌにガロアという一家があった。「ガロア（Galois）」という姓は、フランスでも珍しい姓である。その語源をたどれば「ゴール（Gaul）」、あるいはラテン語で「ガリア（Gallia）」に行き着くと思われる。このことはガロア家と古代ケルト系民族との何らかの関連を示唆するものかもしれないが、もちろんはっきりとしたことはわからない。

ガロア一家は、当時としては珍しくカトリック教会の影響下にない私立の寄宿学校を経営していた。この学校は後に、ナポレオンの学制改革により、一八一〇年までに公立学校として再編されることになるが、公立化以降もニコラ＝ガブリエル・ガロアは校長という地位にあった。そのためガロア家の暮らし向きは基本的には悪くなく、むしろ比較的に裕福な中流家庭であった。のみならず校長ニコラ＝ガブリエル・ガロアは、いわば村でも屈指のインテリとして村民の名望を集めていた。

このニコラ＝ガブリエル・ガロア、後に数学者エヴァリスト・ガロアの父となる人物は「典型的な十八世紀人であった」(Dupuy, p.200)と、後年ガロアの生涯についての最初の本格的な伝記を書いたポール・デュピュイは述べている。教養深く詩作を嗜《たしな》み、自作の詩を自ら吟唱した。エスプリに富み、人付き合いも良かった。これらだけでも気のいい知識人という感じの人物像が見えてくるようだ。しかし、ここでデュピュイが言う〈十八世紀人〉には特別な意味がある。彼は十八世紀のヴォルテール的啓《けい》蒙《もう》思想に心酔していたのだ。

周知のように、啓蒙主義とか啓蒙思想と呼ばれる思想は、宗教のような超自然的な世界観から脱却し、人間個々人の理性による世界認識への開明を目指すものである。

十八世紀のフランスの哲学者たちに共通する性格は、主として、国家、宗教、および風習を支配していた不自由と不合理とに反抗する傾向である。かれらは現存する諸観念、伝承、所与《しょよ》、既成物の全領域にたいして、厳密に学問的というよりもむしろ雄弁でエスプリにみちた批判と反駁《はんばく》とを向けた。国家や教会のうちに現存するものと、理性の否《いな》みがたい要求との矛盾を明示しようとした。

（シュヴェーグラー『西洋哲学史』下巻、七二頁）

この考え方は当然ながら宗教的世界観と自然科学的世界観の対立を顕在化させることになったが、特にフランスではカトリック教会に対する嫌忌《けんき》を引き起こした。アンシャン・レジーム期の王政は、その「王権神授説」にも代表されるように、カトリック教会と密接な関係を保っていた。そのため僧侶《そうりょ》や聖職者は第一身分とされ、貴族らによって構成される第二身分とともに、免税特権などを有した、いわゆる特権階級を形成していた。そのような中にあって、啓蒙主義が理性的世界観を謳歌《おうか》し、これにカトリック教会や貴族に対する第三身分の不満が合流することで、平等主義・自由主義への希求は次第に増大、ついには革命勃発《ぼっぱつ》となったのである。啓蒙主義はフランス革命の思想的武器となり、「自由・平等・友愛」という現在にも受け継がれている共和国理念の思想的支柱であった。

ニコラ＝ガブリエル・ガロアも当時の中流ブルジョワ市民の例に漏れず、自由・平等といった革命の底流に流れる思想に心酔していた一人であり、カトリック教会を憎悪し、国家や教会の不合理に反抗する啓蒙主義者の一人であった。そしてナポレオンの登場以後は、彼はナポレオンを熱烈に支持する、いわゆる「ボナパルティスト」でもあったのである。

ドマント家

ガロア家はブール・ラ・レーヌの目抜き通り、現在のルクレール将軍通り沿いに居を構えていたが、その大通りを挟んだ向かいにはドマント家という一家があった。この一家もガロア家同様、非常にインテリな家庭であったらしい。一族からはパリ大学法学部教授が何人も輩出している。一族の一人、トマ＝フランソア・ドマントはパリ大学の法学教授から裁判官を歴任した名士であった。この初老の名士とニコラ＝ガブリエル・ガロアは、互いにかなりの歳の差があったとはいえ、単なる〈ご近所さん〉という関係以上の親密な仲だったらしい。ドマントから見れば、この堅実で真面目で教養もあり村でも評判の高いニコラ＝ガブリエルを頼もしい若者と感じていたのだろう。

トマ＝フランソア・ドマントには、後にエヴァリスト・ガロアの母となるアデレード＝マリという非常に聡明《そうめい》な娘があった。彼女はニコラ＝ガブリエル・ガロアの十歳も年下であるが、それでも大通りを挟んだ親しい、それもインテリ両家の縁組みには相応《ふさわ》しい相手と考えられたに違いない。なにしろ、このアデレード・マリという娘は器量も良く、快活で、しかも大変教養のある女性であった。父親からラテン語を学び、多くの古典に精通していたという。当時これほどの教養を備えた女性は、一般人には大変珍しかったのである。だからガロア家としては、この素晴らしい女性を嫁として迎えることには何の異議もなかったであろう。一八〇八年、ニコラ＝ガブリエル三十歳、アデレード＝マリ二十歳のときに両者は結婚することとなった。

この非凡な女性アデレード＝マリ・ドマントは、父トマ＝フランソアから徹底的に古典の教養を仕込まれた。なかでもストア思想は彼女の魂の奥底まで浸透し、合理的で情熱的な精神を植え付けた。のみならず彼女の性格にはこの合理的精神に加えて、さらに独創性と激しい探究心をも付け加えられていた。母親のこのような著しい特性は、その息子エヴァリストにも受け継がれたことであろう。それは類《たぐ》いまれなる数学の才能や、後述するような急進的な社会活動家としての激しい性格となって、息子の中に顕現したのかもしれない。

## ガロア生まれる

ニコラ＝ガブリエルとアデレード＝マリの結婚生活は幸福なものであった。特に生活に困るわけでもなかったし、なによりも村民からの厚い信頼と尊敬を集めてもいた。彼らは三人の子供を儲《もう》けた。結婚の翌年に生まれたのは女の子で、ナタリー＝テオドールと名付けられた。そしてその二年後、一八一一年十月二十五日に、後に数学の歴史上不滅の名となるエヴァリスト・ガロアが生まれ、さらにその三年後の一八一四年に次男のアルフレッドが生まれている。

幼少期のガロアについて、現在までに伝わっていることは少ない。ただガロア一家の家庭は幸福なものであり、厳粛な中にも楽しい雰囲気であったらしい。エヴァリストは真面目で明るい少年で、親戚《しんせき》の子供たちが集まると、常に輪の中心にいるほど社交的であったというから、そこは父親譲りの性格だったのかもしれない。

ところで一八一一年という年に最初の息子を授かったことを、父ニコラ＝ガブリエルはとても喜んだに違いない。というのも、彼が熱烈に支持する皇帝ナポレオンが、皇后マリー＝ルイーズとの間にナポレオン二世（ナポレオン・フランソワ・シャルル・ジョゼフ・ボナパルト）を儲けたのも同じ年であったからである。奇遇にもこの二人は同じ年に生まれただけでなく、実は死んだ年も同じ一八三二年である。

もう一つついでに述べておくと、エヴァリストが生まれる三日前の一八一一年十月二十二日には、後に有名なピアニスト・作曲家となるフランツ・リストがハンガリーで生まれている。また、その前年にはフレデリック・ショパンがポーランドで生まれているから、彼らとほぼ同世代ということになる。リストとショパンはともにガロアの生涯の中でも重要な意味を持つ最後の数年間、つまり一八三〇年代初頭にはパリに住んでいたので、もしかしたらどこかの街角でガロアとすれ違っていたかもしれない。

## ガロア村長

ガロアの生まれた一八一一年には、皇帝ナポレオンは権勢の絶頂にあった。しかし、その勢いも間もなく終わる。有名な一八一二年のモスクワ遠征は、もう次の年のことである。総勢六十万とも伝えられる大軍を率いて意気揚々と乗り出したモスクワ遠征軍は、広大な地勢を生かしたロシア軍の焦土作戦に苦しめられた。モスクワを放棄して以降は、圧倒的な冬の寒さに数十万ものフランス兵を失いながらの悲惨な退却となる。この歴史的な大敗に乗じて、プロイセンやロシア、オーストリア、スウェーデンなどの国々が反ナポレオンの動きを開始、翌年の一八一三年にはライプツィヒの戦いでフランス軍はこれらの反ナポレオン同盟軍に大敗。その後も続いた同盟軍の執拗《しつよう》な包囲戦により、一八一四年三月ついにパリは陥落し、ナポレオンはエルバ島に追放される。

ところがその翌年の一八一五年、ナポレオンはエルバ島を脱出し、突如としてパリに現れる。ルイ十八世（一七九三年にギロチンで処刑された前国王ルイ十六世の弟）のリベンジ王政に反発していた民衆の喝采《かっさい》を受け再び帝位に就くと、ウィーン会議で踊ってばかりいたヨーロッパ諸国と再び戦端を開く。しかし、ワーテルローの戦いでの歴史的敗北は、ナポレオンの復活帝位をたった三ヶ月で終わらせた。いわゆる「百日天下」である。

これらのめまぐるしく変わるナポレオンの運命に、ブール・ラ・レーヌのボナパルティストたちも一喜一憂したことであろう。最初のナポレオン失脚直後の復古王政は、一応は過去の忘却に立って国民との和解を目指していた。しかしその反面、前国王ルイ十六世や前王妃マリー・アントワネットの遺骸《いがい》（とされたもの）を歴代王家の墓所であるサン＝ドニ聖堂に移して贖罪《しょくざい》の儀式を執り行うなど時代錯誤的な行いもあり、国民は反発を強めていた。その中にあって、ニコラ＝ガブリエル・ガロアは次第に自由主義的な村民たちのリーダー格と目されるようになる。そのため一八一五年にナポレオンがパリに戻ってきたとき、彼はブール・ラ・レーヌの村長に推挙された。

本来ならば、この村長の座も「百日天下」となってもおかしくなかった。実際、彼自身も村長の椅子を前任者に返還しようとしたのである。しかしその前任者の姿はすでに村にはなく、混迷の中で結局彼はナポレオンがセントヘレナ島に幽閉されて以降もブール・ラ・レーヌの村長職にとどまらざるを得なかった。これはある意味、彼に対する村民の信頼と尊敬の大きさを示していたわけでもあるが、彼自身は退陣か、もしくは正式に再信任されることを望んでいたのである。一見してドサクサ紛れに村長職を続ける形になってしまうことを彼は恐れたのだ。ニコラ＝ガブリエル・ガロアのこの懸念は、根拠のないものではなかった。実際、教会関係者や村の保守主義者たちは、村長のこの弱みを最大限利用して、彼に対する抵抗運動を密《ひそ》かに開始することになるからである。

彼は一八二九年に亡くなるまで、ブール・ラ・レーヌの村長を務める。その間のフランスはルイ十八世とシャルル十世による復古王政の時代であり、いわば王党派が息を吹き返した時代であったが、ガロア村長は自らの自由主義的な考えを貫くことで、村民の期待に応《こた》えていた。しかし、教会関係者らによる迫害や嫌がらせは年々エスカレートする。

この時代のフランスの地方町村の首長というと、スタンダール『赤と黒』に登場するレナール氏のような人物が典型的なのかもしれない。貴族出身のレナール氏はもちろん王党派（少なくともそう装っていた）であり、レナール家の家庭教師、庶民出身で熱烈なボナパルティストの主人公ジュリアンは出世のために自分の政治信条を隠し、偽りの自分をしたたかに演じようとする。この時代、保守主義者と自由主義者の間には、ほとんど怨恨《えんこん》とも言えるような根深い対立の構図があったのだ。実際、ナポレオンの二度目の失脚直後にはフランス各地で白色テロルが吹き荒れ、二千人ものボナパルティストたちが犠牲になったと言われている。そんな極めて〈難しい〉時代にあって、ボナパルティスト村長だった父ガロアの苦労には想像を絶するものがあったに違いない。それでもなお、死ぬまでの十五年間彼が村長を続けたことは、一種の奇跡だったとも言い得るだろう。だからこそ後述のように、彼は現在でもなおブール・ラ・レーヌの人々の記憶にとどまり続けているのだと思われる。

一八二九年の父ガロアの死は、実は精神的に追いつめられた末の自殺なのである。第四章で詳しく述べるように、この父ガロアの死は子ガロアの心に暗い影を落とし、その後の彼の生き方にも大きな影響を与えることになる。

## ガロアの生地ブール・ラ・レーヌ

ブール・ラ・レーヌはパリのほぼ真南に位置する近郊の町である。現在ではパリの近郊鉄道であるRER（地域急行鉄道網）のB線が通っており、パリの中心部から二十分くらいで行くことができる。ブール・ラ・レーヌ駅は、ロバンソン方面に行く線とサン・レミ方面に向かう線との分岐点に位置しており、急行も必ず停まる比較的大きな駅だ。パリ中心部へのアクセスは非常に便利で、パリ近郊のベッドタウンとして格好の位置にある。

行政単位としてのブール・ラ・レーヌは、パリを中心としたイル＝ド＝フランス地域圏の中の、一つのコミューンをなしている。フランスには日本で言うところの「市・町・村」といった行政単位の区別がないので、日本語に訳すときに困るのであるが、この本ではとりあえず「ブール・ラ・レーヌ村」とした。もっとも現在では、「ブール・ラ・レーヌ市」と言うべき人口規模になっていると思われる。

ブール・ラ・レーヌ駅から東に歩くと、すぐに小さな歩行者天国がある。それを抜けるとルクレール将軍通りに面した広場となり、その先に石造りのこぢんまりとした町役場がある。歩行者天国を左折し、ルクレール将軍通りを北に向かって二百メートルほど歩いていくと、ビエーヴル通りとの交差点の手前左側にガロアの生家があった場所に行き着く。現在では五階建ての建物が建っており、その地上階部分は銀行の事務所になっている。

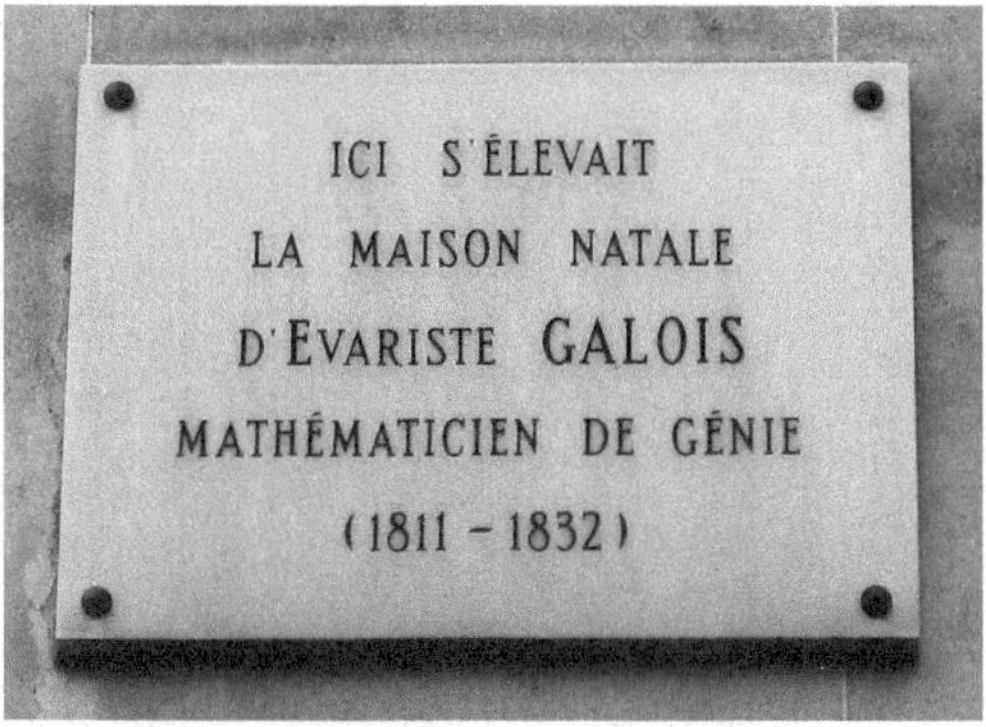

ガロアの生家跡を示すプレート

小堀憲著『大数学者』の中で小堀氏は、一九五六年当時まだ存在していたガロアの生家を訪れたときのことを回想し、「言いようのない感激を覚えた」と記している。しかしその後、一九六五年に同じ場所を訪れてみると、その「古ぼけた家」は跡形もなくとり壊され、ブルドーザーがわがもの顔で暴れ回っているのを目撃し、「悲しい気持ちになった」そうだ。現在この場所にガロアが住んでいたことを示すものは、ガロア生家跡であることを示す小さなプレートだけである。数学者ガロアの天才的偉業を思うと、その「古ぼけた家」が永遠に失われてしまっていることを、とても残念に思う。

ブール・ラ・レーヌを歩き回ると、いたる所に「ガロア（Galois）」の文字を見つけることができる。例えば「ガロア通り」や「ガロア広場」といった具合だ。もっとも、

（上）ガロア広場近くのバス停「ガロア」
（下）ブール・ラ・レーヌ町役場正面に掲げられている父ガロアの記念碑

これらの「ガロア」が、果たして父ガロアを表すものなのか、それとも数学者ガロアを表すものなのかは必ずしもはっきりしていない。前述したように、父ガロアは自由主義的な村民の意見を代弁する村長として人々の尊敬を集めていた。のみならず、後述するようなその悲劇的な最期によっても、人々の記憶にとどまり続けている。現在でもブール・ラ・レーヌの町役場には、この英雄的村長を偲《しの》ぶ記念碑が掲げられている。

十五年間ブール・ラ・レーヌ村長を務められ一八二九年に亡くなったガロア氏を記念する。感謝する住民より。

と書かれたその記念碑を見ると、ニコラ＝ガブリエルがいかにブール・ラ・レーヌの人々から愛され尊敬されているかがわかる。そのような次第でもあるから、通りや広場の名前にある「ガロア」は、父ガロアのことである可能性が高いのだ。

もちろん、もう今となっては「どちらのガロア？」という問いは、あまり意味のないものになっているであろう。ガロア父子は今でもブール・ラ・レーヌの人々の誇りなのだ。それだけに彼らの住まいが残されなかったことが悔やまれるし、「なぜ？」という気持ちも強い。小堀氏も言うように「時の流れには勝てなかったのか！」と嘆くしかない。

## 2 リセでの生活

### フランスの教育制度

ガロアは十一歳まで厳粛ならちにも幸福な家庭で明るく育った。十一歳までの彼を教育したのはもっぱら母親であり、彼は母親からラテン語や古典文学について基本的な知識を一通り身に付けていた。前述した通り、母アデレード＝マリは大変教養深い女性だったので、三人の子供の初等教育は彼女による手ほどきで十分過ぎるくらいであったのである。しかし一八二三年十月六日、エヴァリストが十一歳のとき、彼はさらに進んだ教育を受けるためパリのリセ（高等中学校）「ルイ・ル・グラン」に入学するべく親元を離れ、リセの寄宿舎で同級生たちと生活をともにすることになる。

ここで当時のフランスの教育制度の概要を、簡単にまとめておくべきだろう。

アンシャン・レジーム期までのフランスでは、教育は非常に限られた人々のためのものであった。そのため十八世紀になっても、国民の大多数は自分の名前も書くことができない状況であったようである。ブルターニュ地方では二十パーセント、リムーザン地方では十パーセントほどの成人しか自分の名前をサインできなかった。都市部ではそれに比べてかなり恵まれた状況ではあったが、それでも成人女性の半分は名前が書けなかったという（ジャン・ヴィアル『教育の歴史』五四頁）。その理由はもちろん、公教育に対する一般の無理解にあった。リムーザン地方出身の出稼ぎ石工《いしく》から第二帝政下の代議士にまで上り詰め、歴史資料としても貴重な自身の人生の回想録を後世に残したマルタン・ナドも、幼少期の記憶として、息子を学校に行かせようとする彼の父親に、祖父が猛反対する様子を記している。

「……わしの兄弟も、お前も、わしも、文字をおぼえることなど全然やらなかったが、どちらにしろパンを食べることにこと欠きはしなかったのだ」

（マルタン・ナド『ある出稼石工の回想』二七頁）

教育の重要性が一般民衆に浸透していなかったもう一つの理由は、特にフランスではほとんどすべての初等・中等教育機関がカトリック教会の運営によるもので、教育の目的も聖職者の育成にあったことにある。若者の人間形成に必要なものは正しいカトリックの教義と信仰であると信じられていた時代だったのだ。

## ナポレオンの教育改革

この状況は十九世紀になると一変する。ここでも重要なきっかけを作ったのはフランス革命だ。すでに一七九一年憲法の中に、公教育制度の成立と運営の必要性が謳《うた》われている。時代は下ってナポレオン時代になると、この動きはさらに具体的なものとなった。ナポレオンは公教育の重要性を認識し、数々の教育制度改革を行ったことで知られている。特に彼は中等・高等教育の重要性を訴え、国の将来を担うリーダーたちの育成に力を入れた。教育内容もそれまでの宗教色の濃いものを一新。外国語、修辞学、哲学などの他に、数学や自然科学なども取り入れる必要があるとした。すでに述べたように、この動きの中でガロア家の学校も公立学校として接収されたのであるが、ここには学校制度や教育内容を政府がコントロールしなければならないという、当時の教育政策の基本的な考え方が反映されている。

ナポレオンが行った教育改革の中でも目玉の一つは、いわゆる「リセ（lycée）」（高等中学校）の設置である。現在の制度では、一般にリセはコレージュ（collège）による前期四年（第六学級―第三学級、十一歳―十五歳）の後に続く後半三年（第二学級、第一学級および最終学級、十五歳―十八歳）の中等教育機関とされているから、現在の日本の高等学校にあたる学校と思ってよいだろう。しかし当初のリセは五ヶ年（第四学級―最終学級）の中等教育を施す学校として設置された。現在の日本で言えば、中高一貫校のようなものだろう。パリのみならずフランス各地にリセを設置し、政府がその運営を行うとされ、その教育内容は、古典、歴史、修辞学、論理学と数学および物理学の基礎と定められた。国家のために働く公務員や軍人を育成する上で、これらの基礎教育が重要だと考えられた結果である。

現在のリセ「ルイ・ル・グラン」（画面中央）。向かいはソルボンヌ大学

## リセ「ルイ・ル・グラン」

ガロアが入学したリセ「ルイ・ル・グラン」は、それらのリセの中でも超名門校として有名である。リセとして改組される以前から、フランス革命前後の混乱期においても常に上質の教育を行い、高い名声を博してきた。その名声は現在でも変わらず続いている。設立は一五六三年。後にルイ十四世が自分の名前を与えたことから「ルイ・ル・グラン（ルイ大王）」の名前がついた。当初より現在の場所であるサン＝ジャック通り沿い、パンテオンを戴《いただ》くサント・ジュヌヴィエーヴの丘の中腹、つまりはカルティエ・ラ

タン（ラテン街区）の中心地にあり、すぐ近くのソルボンヌ大学やコレージュ・ド・フランスなどとともに学際地区の要《かなめ》の一つとなっている。伝統と格式もさることながら、その卒業生たちのそうそうたる顔ぶれにも圧倒される。ヴォルテール、ユーゴー、ロベスピエール、ドガ、ドラクロア、サルトル、それにフランス大統領だったジャック・シラクも卒業生の一人である。他にも著名人を多く輩出しており、ここにそれらをすべて書き出すことはとてもできない。数学者でもアダマール、エルミート、ポアンカレ、パンルヴェなどなど。フィールズ賞受賞者も複数いる。とにかく凄《すご》い学校なのである。

その学生生活

ガロアはその名門校の第四学級に入学した。ガロアが入学した頃のルイ・ル・グラン校は、その恐るべきスパルタ教育でも有名であった。寄宿生の毎日の生活は、だいたい次のようなものである。

朝五時半起床。中庭に一つしかない給水泉で顔を洗い、手際良く制服を着用する。その間、一切の私語は許されない。朝の祈りの後、教室に入り七時半まで自習。机のない教室の床に作り付けてある段差に腰をおろし、膝《ひざ》の上に教科書やノートを広げて勉強する。冬はまだ真っ暗な時間帯だが、許されるロウソクの火は二人に一つ。ホメロスやキケロの胸像が見おろしている薄暗く陰気な教室には、まだ巣に戻らないネズミも徘徊している。

午前七時半に朝食。教室内で水と乾いたパンのみを手早く摂《と》る。パンを食べ残してポケットに入れておいたりしてはならない。また食事中も一切の私語は許されない。

午前八時から正午まで授業。昼食は食堂で食べるが、その間も私語は絶対に許されない。四十五分間の昼食に供されるのは粥《かゆ》、肉料理と青野菜。たまに魚が肉にとって代わる。

午後二時から午後の授業が始まり、短い間食の時間を挟んで六時まで続く。授業が終わると礼拝堂に移動。もちろん移動中も私語厳禁。夕べの祈りの後、午後七時半に夕食。一切の娯楽は認められず、午後八時半に就寝。

これらの日課は、完全なる静粛の中に、軍隊的な正確さをもって行われることが厳しく要求された。ほんのちょっとした違反、例えば食事中のヒソヒソ話も厳重なる処罰の対象である。違反者に対する処罰は過酷であった。朝から夕方まで狭い独房の中に監禁され、これが少なくとも四日間は続けられたという。もちろん血気盛んな少年たちのことであるから、こうした違反は少なからず起こり、全部で十二ある独房はほとんどいつも満員であったそうだ。のみならず、ほとんどすべての生徒にとって、少なくとも一回は独房入りを避けられなかったらしい。ガロアも何度かはこの屈辱的な体罰に耐えなければならなかったであろう。

現在の日本にこんな学校があったら大変な騒ぎになっているだろう。将来のエリートたちの人格形成のためには、厳しい軍隊的な管理が必要だと考えられていた時代だったのだ。

一八二四年一月二十八日の事件

その専制的な学生管理の体制を物語る、ある事件が伝えられている。これはガロアが入学した直後のことで、彼自身は関わっていないのであるが、ガロアが入学した学校の当時の雰囲気を伝える出来事として、そしてその後のガロアの心中に暗い影を落とした事件として、ここに紹介しておこう。

当時フランスの学校では毎年一月二十八日に、九世紀カロリング・ルネッサンスを興し、学芸や文化振興に尽くしたシャルルマーニュ（カール）大帝の命日にちなんで、「聖シャルルマーニュ祭」が催されていた。毎年この日、ルイ・ル・グラン校でも特別な晩餐《ばんさん》会を行い、教職員はもちろんのこと、生徒の中からもその年の成績優秀者たちが招待されることになっていた。一八二四年一月二十八日の晩餐会にも、七十五人の成績優秀な生徒たちが招待された。なにしろ復古王政期のことである。祝宴会場にはブルボン王家を象徴する白旗が掲げられ、校長は国王への忠誠を示して乾杯、これに出席者全員が唱和する運びとなっている。

　前述の通り、ボナパルティスト駆逐の白色テロルから始まったルイ十八世のリベンジ王政は、過激王党派である〈ユルトラ〉による議会、いわゆる「またと見出《みいだ》し難い議会」の行き過ぎにより、一時は穏健な立憲君主政体を目指す。実際、一八一六年十月の選挙では立憲君主派の議員が多数派となり、ラ・ファイエットやグレゴワール、さらには共和主義者で銀行家のラフィットなど、左派や中道の進出が目覚ましかった。しかし一八二〇年二月のベリー公暗殺事件をきっかけに再びユルトラが息を吹き返し、後にシャルル十世となるアルトワ伯の周囲に結集、聖職者階級との連携を強め、多くのイエズス会士が公職復帰を果たす。

　今問題にしている一八二四年一月当時は、ヴィレールを首班とするユルトラ内閣の時代であり、自由主義的あるいはボナパルト的な官吏は罷免《ひめん》され、パンテオンからは啓蒙主義の象徴であるヴォルテールの遺骸が撤去されるなどの反革命的な動きが加速していた。表向きは王政復古当初一八一四年六月の「憲章《シャルト》」を遵守し、信仰の自由を認め、立憲君主制を装ってはいたが、その内実はれっきとした王権による専制政治だったのである。そのため政治に対する世論の反発は増大し、これを鎮めるために政府はより強硬な態度にでるという、はなはだ物騒な政治状況にあった。

　このような世相であったから、祝宴の最中に学生たちが反抗的行動に出たとしても、実はそれほど驚くに値しない。当時のルイ・ル・グラン校の校長であったニコラ・ベルトーが、例年と同様に国王への乾杯を発声する。通常ならば、会場の一同はこれに続いて一斉に乾杯を唱和するはずであった。しかし学生たちはゲラゲラ笑って茶化すだけであった。あるいは、校長の乾杯に彼らはじっと沈黙し続けることで、反抗的な態度を示したとも伝えられている。ただそれだけのことか、と今の我々なら思ってしまうが、ことが国王への忠誠に関することでもあり、風雲急を告げる世相もあり、それはベルトー校長にとっては面目丸つぶれのスキャンダルであった。しかもそれが学校の中でも特に成績優秀な模範生たちの共同謀議による行動であったわけだから、ベルトー校長に与えたショックはさぞかし大きかったであろう。

この事件に対する学校側の報復は、極めて厳しいものであった。これら七十五人の成績優秀者たちをすべて放校にしたのである。彼らはフランス随一の超名門校の模範生として、その将来を大いに期待されていた学生たちであったに違いないのだ。そのような未来のエリートを七十五人も手放すことは、学校としてもダメージは小さくなかっただろう。校長の決定は、これら若いエリート候補生の未来を犠牲にしても、国王に対する面目の方を優先させるというものだったのである。

## 学生たちの態度

放校されたこれらの優等生たちに限らず、学校当局に対する学生たちの反抗的態度は、その厳しい管理体制と過酷な罰則規定にもかかわらず、かなり常態化していたものらしい。教師たちの中にもリベラルな人が少なくなかったから、学校内でも折に触れて思想的・政治的な衝突が多かった。ある意味、当時のフランス国内の状況をそのまま縮図にしたような状況だったと言えそうである。ベルトーの後を継いで一八二六年からルイ・ル・グランの校長となったピエール＝ローラン・ラボリーが、フランス教育省に送った書状の中には、次のように学校内の実情が報告されている。

……生徒たちは宗教にほとんど関心がありません。少数の敬虔《けいけん》な者たちも、他の生徒たちからの嘲笑におびえて、十字を切るのを恥じています。何も彼らを畏《おそ》れさせるものはありません。彼らの心は野蛮な精神であふれています。彼らは不敬の極みであり、改善の希望はありません。教師すらも日々の礼拝を拒否することで、悪い模範を示す有様です。生徒たちの両親も子弟の心にイエズス会への攻撃や造反の精神を吹き込み、教会による支配は危険だと話して聞かせています。イエズス会を槍《やり》玉《だま》に挙げることは生徒たちのお気に入りの話題になってしまっているのです。

表向きは粛々と進んでいるように見える学校生活も、水面下にはこのような一触即発の火種が隠されていたのである。厳しい専制的な管理を押し付ける学校当局に対し、学生やその父母、さらには教師の中にも反抗的精神が煮えたぎっていた。王党派と自由主義者たちが陰に陽に複雑な政治闘争を繰り広げる世相を反映して、教育の現場ではその管理の難しさから、さらに過酷で圧制的な学校当局の態度を生み出していた。

ガロアが入学した〈超名門校〉は、このように複雑な闘争社会の一つのひな形となっていたのである。十一歳まで明るく幸福な家庭で育ったガロアにとっては、それは学校というよりは、杭《くい》や柵《さく》で周りを頑丈に固められた監獄のようなものであり、校長はさながら政治犯を収容する獄吏《ごくり》といったところだろう。それは彼の目には恐ろしい場所のように映ったに違いない。それまでは思いもよらなかったであろう「専制」とか「圧制」とか「闘争」などといった概念が、初めて身にしみて実感されただろう。

そしてこの経験は少年ガロアの人格形成に、極めて大きな影響を与えたのである。

特に聖シャルルマーニュ祭の事件で、ガロアは初めて、専制が強権を振り回すのを目の当たりにした。これら七十五人の成績優秀者たちの勇気ある行動は、彼の心に終世忘れ得ぬ印象を残した。その意味では、デュピュイが述べているように、彼は「生涯の終わりまで一八二四年のルイ・ル・グランの彼であり続けた」(Dupuy, p.204) のである。

## 〈優等生〉ガロア

さて気になるのは、ガロアがどのような学生であり、どの程度の成績であったかということだ。前にも述べたように、彼は母親からしっかりとした初等教育を受け、真面目に規則正しく学習する習慣が身に付いていた。そのため日々課せられる予習や復習を怠るようなことはほとんどなかったらしい。のみならず、母親から一通り身に付けていた基礎学力もあったので、入学間もなくから席次は上がり続け、第三学級の終わりにはラテン語で一等となった他、これを含めて三つの賞を獲得している。また、他の学校の生徒たちも参加するギリシャ語仏訳のコンテストでも最優秀賞に輝いたということである。

つまり、少なくとも入学以後の二年間で見る限り、真面目で極めて優秀な学生だったのである。ということは、もしガロアが入学するのが一年でも早かったら、間違いなく一月二十八日のあの騒動にも巻き込まれていたであろうし、その結果として他の優等生たちと一緒に学校から放り出されていたことであろう。とはいえ、そうならなかったことが果たして彼にとってよかったことなのかどうかは、ちょっと計り難いものがある。

いずれにしても、ガロアは第三学級、つまり入学二年目を終わる頃には、フランス随一の超名門校の中でも、特に際立って優秀な学生だったのである。その将来は大いに嘱目《しょくもく》されるものであったに違いない。その意味では、彼の学校生活の最初の数年間は、一月二十八日の事件の記憶が心に影を落としてはいたが、まずは順風満帆であったと言えるだろう。しかしその状況にも、やがて翳《かげ》りが生じることになる。

ラボリー校長の意見

それはガロアが第二学級に進んだ一八二五年あたりからの話である。この頃から彼は、あまり学業に身が入らなくなった。健康上の問題を指摘する説もあるが、詳しい理由はよくわからない。前年の成績が極めて華々しいものであっただけに、このことは教師の間でも問題となったようである。

一八二六年の夏、ニコラ・ベルトーが校長職を解かれ、リセを去る。表向きは二年半前の聖シャルルマーニュ祭における事件で「七十五人もの将来有望な学生を放校した」ことに対する責任を問われての更迭であったが、事件以後、彼の学校内での信望が失墜していたことが原因であろう。後任には前述のラボリーが着任した。時代はすでにシャルル十世による第二復古王政期に入っていた。一八二四年九月にルイ十八世が他界すると、翌年の五月には伝統にしたがってランス大聖堂でシャルル十世が戴冠する。カトリック教会による王権の神授というアンシャン・レジーム期の伝統が踏襲されることで、「革命という最近の傷をふさぐ」復古事業の総仕上げがなされた形だ。これによって反革命の流れは決定的となり、国民の憤慨、無力感はさらに高まった。新国王は憲章《シャルト》の遵守を約束し、新聞の検閲を廃止するなどの国民向けジェスチャーを示しはしたが、その反革命的性格は明瞭《めいりょう》であった。さらにこの頃、民衆の間では「コングレガシオン」や「信仰の騎士」といったカトリック教会系の秘密結社が政治や社会を裏から操っている、との噂が広まっていた。この噂は事実ではなかったが、カトリックに敬虔なユルトラであるシャルル十世が王権を握ることで、カトリック教会はますます勢いづき、今風の言葉で言えば〈カトリック原理主義〉とでも言えそうな社会風潮にあったことは確かである。

ラボリー校長は前任者のベルトーほどの猛烈な専制主義者ではなかったらしい。学生やその父母らとの対話にも応じる姿勢を見せていたという。しかし、彼はコングレガシオンの庇護《ひご》者であり、その意味ではゴリゴリの王党派であったのだ。彼はまた、今の我々から見ると少々偏った教育理念を持っていた。それは「習熟すべきことはすべて、それに相応しい年齢に達するのを待ってから学習するべきだ」というものである。

このことは一八二六年にガロアが第一学級、通称「修辞学級」に進学するべきか否かという問題となって現れた。ラボリーの意見では、進級するのはまだ早いということになったのである。その年の八月、彼はガロアの父親に宛てた手紙の中で次のように述べている。

知性と気力で学業を埋め合わせることは可能でしょう。しかし、それらは分別ある判断力の代替物とはなり得ません。それは成熟した人格によってのみ得られるのです……

つまり、学識とやる気だけでは、健全な判断力を養うことはできない、とラボリーは述べているのである。それを養うためには、相応の時節を待たなければならないというのだ。だからラボリーはこの手紙の中で、ガロアの修辞学級への進学を一年遅らせて、もう一年第二学級をやるべきであると述べている。ラボリー一流の〈正しい時節〉を強調する教育理念もさることながら、ガロア自身の第二学級での成績が前年の第三学級までの華々しさに比べて、あまり芳しくなかったことからの教育的配慮でもあったのかもしれない。その意味では、ある程度筋の通った意見であると言えなくはないだろう。本当は極めて優秀であるはずのガロア君に、何か人格形成の上で重大なことが起こっているのかもしれない、だからここは無理をさせないで、一年間注意深く見守った方がよいだろう。あくまでも好意的に解釈すれば、このようにラボリー校長は考えたのかもしれない。

しかしガロアの父、ニコラ＝ガブリエル・ガロアは、校長のこの提案に激しく憤った。彼は息子を予定通り修辞学級に進学させることを強く要望したのである。その結果、一度は校長側が譲歩して、ガロアはその年の秋から修辞学級に進学する。しかし、結局は翌年の一月に第二学級に戻されてしまうのだ。修辞学級の第一学期（九月―十二月）を担当した教師は、ガロアの学業全般を「良好」であり「熱心」であると評価しているが、おそらく校長からの圧力もあったのだろう、次のような所見も書かれている。

……彼の精神は未熟で、修辞学級での学習内容を十分身に付けるにはいたっていない。

こうなってしまうと父ガロアも折れざるを得ない。彼は息子を第二学級に戻すことを、しぶしぶ承諾した。

教育的配慮が常に良い結果ばかりをもたらすとは限らない。それは当の学生の性格に依存するだろうし、それこそタイミングも重要だろう。ガロアの場合、ラボリー校長の教育的配慮は、実は最善の策とは言えなかった。もとの学級に半ば強制的に戻されてしまったことによる屈辱感を、ガロアはひしひしと味わうことになったからである。

しかし、このいわば〈愚かな配慮〉とも言えそうな小事件は思わぬ副産物を生み出した。それは多分ガロア自身にとっても、まったく思いもよらぬものだっただろう。その副産物は校長の愚かしい決定を、数学の歴史の中では〈賞賛されるべき配慮〉に一変させた。なんとなれば、ガロアは強制的に戻らされた第二学級で数学に出会い、突如として自分の才能に目覚めることになるからである。

# 第二章　数学との出会い

# 1　数学者ガロア誕生

## メートル法とルジャンドル

フランス革命は個人の自由や平等といった近代的な社会理念を生み出し、ヨーロッパのみならず世界中の国々の近代化に影響を与えた。我々が普段から当たり前だと思っている「国民主権」や「法の下の平等」などの基本理念は、フランス革命をその起源としている。しかし、フランス革命が後世に遺《のこ》した遺産は、このような理念・理想にとどまらないもっと具体的なものにも見出《みいだ》せるのだ。そう言うとすぐさまギロチンを思い浮かべる人もいるだろう。しかし、そんなに怖いものではない例として、いわゆる「メートル法」がある。実はこれも、フランス革命の副産物なのである。

界中どこでも一律で普遍的な度量衡という考え方は、まさにフランス革命の汎《はん》世道上までの体現している。長さの単位である「メートル」は、地球の北限から赤の一千万分の一を「一メートル」と定めることで決められた。

口で言うだけならこのように簡単であるが、実際の長さの測定は大変だ。なにしろ地球の子午線を精確に測定しなければならない。「度量衡委員会」がフランス科学アカデミーによって設置されたのは、革命開始直後の一七九〇年のことである。そして実際の測定に携わった委員の一人に、アドリアン＝マリー・ルジャンドル（一七五二―一八三三）という著名な数学者がいた。生まれは一七五二年であるから、測定の仕事に携わったのは四十歳前後ということになる。当時すでにアカデミーの会員であり、数学者としても一流の名声を博していた。彼の数学者としての業績が多岐にわたることを示すよい資料として、ほぼ同年代にドイツで活躍した天才数学者カール＝フリードリッヒ・ガウスの言葉を引用しよう。

……ほとんどすべての理論的な仕事で、ルジャンドルとぶつかり合うのが私の運命のように思われます。たとえば高等算術、楕円《だえん》の求長法（曲線の弧の長さをみつける

（上）メートル法制定を記念して、1954年にフランスで発行された切手
（下）アドリアン＝マリー・ルジャンドル（1752-1833）

方法）に関連した超越関数の研究、幾何学の基礎理論、そしていままたここで（最小自乗法について）ルジャンドルの著作の中で用いられ、しかもまったくみごとに完成されています。

（ベル『数学をつくった人びと』上、二七四頁〔一部改変〕）

## 数学との出会い

ガウスの言う「幾何学の基礎」というルジャンドルの仕事の一つは、彼の著作『幾何学原論（Éléments de Géométrie）』である。初版は一七九四年ということだから、ルジャンドルがまさに子午線測定の仕事をしている時期に執筆されたのであろう。この本はルジャンドルが生きている間だけでも二十版まで版を重ねたということだから、大変よく売れた本だったことがわかる。そしてこれこそ、ルイ・ル・グラン校の学生だったガロアを数学に目覚めさせた本だった。それはまさにガロアが二度目の第二学級で、いくぶん退屈な日々を過ごしていた頃のことである。

前述したように、リセの教育課程には数学の科目も用意されていたが、これは今で言うところの理系学生が履修するべきものとされ、必修科目ではなかった。第三学級から第一学級までの学生のためには「準備数学」（または「初等数学」）、哲学学級（最終学級）の学生のためには「特別数学」という科目が用意されていた。

この年、つまり一八二六年よりも前にガロアが数学に特別の興味を示したという記録はない。ただ、思いがけなく第二学級に〈落第〉し、前年と同じことを再び学習しなければならなくなった彼が、それまで履修してこなかった数学の授業を、ちょっとした好奇心で覗《のぞ》いてみようとしたというのは、いかにもありそうなことだと思われる。ガロアはジャン＝イポリット・ヴェロン、通称ヴェルニエという教師が受け持っていた「準備数学」クラスの生徒となった。そして週五時間の授業で使う教科書としてヴェルニエが採用したのが、まさにルジャンドルの『幾何学原論』だったのである。

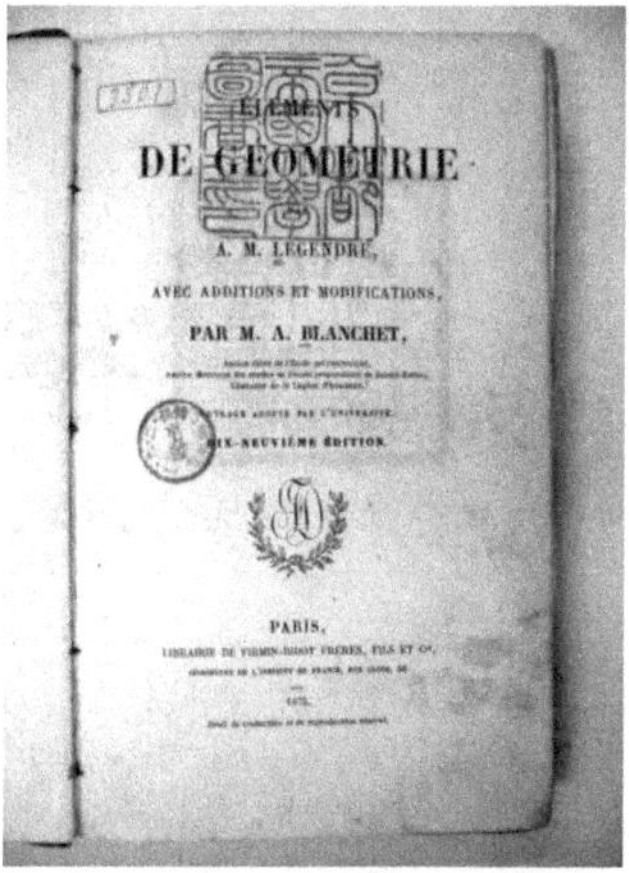

『幾何学原論』（1875年増補版）の中扉（京都大学附属図書館蔵）

## 幾何学の芸術的世界

この本と出会って、ガロアの人生は文字通り一変したと伝えられている。伝説によれば、ガロアはその本――通常ならマスターするのに二年はかかると言われている大著――を、たったの二日で読んでしまった。少年たちが愛読しそうな通俗小説でも読むかのように、スラスラと読んでしまったというのだ。ガロアの前には突如として広大な初等幾何学の世界が現れた。当代一流の数学者による独創的で芸術的な幾何学の世界。そこには何の飾り気もない単純な図形たちが、計り知れないほど緊密で有機的な関連を保ち、見事に調和しながら生き生きとした姿で躍動している。ガロアはそれまで自分のまったく知らなかった、なにものにも比較できない広大で、深遠で、豊饒《ほうじょう》で、そしてどこまでも自由な世界をそこに初めて見出したのである。そのとき以来、彼はまったく数学の虜《とりこ》になってしまった。数学だけに生き、数学以外の教科にはまったく興味を示さなくなってしまったのである。その内面の劇的な変化は、もちろん同級生や教師の目にも明らかな履修態度や生活態度の変化となって現れた。それは第二学期終わりの担任の教師の所見にも見事に表れている。

この生徒は、学期最後の二週間こそ少々勉強していたが、学科の内容には興味を示さず、単に罰を受けるのが怖くて勉強しているに過ぎない。

それもそのはずである。彼にとって、もはや数学こそがすべてになってしまっていたのだから。まさに数学に対する熱狂がガロアの精神をすっかり支配してしまったのだ。ここに一人の数学者が誕生したのだ。数学の歴史を塗り替える大天才が誕生したのである。時に一八二七年春学期、ガロア十五歳のときであった。

## 2　ルジャンドル『幾何学原論』

### 過渡期の著作

そこまで少年ガロアを変えてしまった『幾何学原論』とは、一体どのような本だったのだろうか。これは気になるところである。

前述の通り初版は一七九四年であるから、フランス革命直後の混乱期に執筆されたものであろう。前年の一七九三年にはルイ十六世が処刑され、また一七九四年の七月までは、いわゆる恐怖政治の時代であった。ひと月に何百人という人が断頭台で処刑されるという時代に出版されているのだ。

内容は八つの巻（Livre）に分かれており、総ページ数は三百弱。各巻は基本的な用語や概念の定義（Définition）から始まり、定理（Théorème）やその証明、系（Corollaire）などから構成される命題（Proposition）というユニットに分かれ、これが延々と続く形になっている。一つの巻の中には三十から四十ほどの命題が組み込まれており、説明を補うための図形の他には何の脚色もない。ガロア少年は「通俗小説でも読むかのように」スラスラと読んでしまったと伝えられているが、少なくとも外見から判断する限り、そのような魅力的な本とは到底思えないような代物である。むしろ普通の学生が根気よく読み続けても、二年くらいはかけなければなかなかマスターできるものではない、という当時の一般的な評判の方こそ容易に納得できるというものだ。だから、このような本をスラスラと読めてしまうのはよほどの天才か、もしくはある程度の学識があってこの手の本を読むことに慣れている人に限られるだろう。そして言い伝えによる限り、ガロアの場合は前者であった。

今述べたような数学書のスタイル、つまり〈定義→定理→証明〉という流れを基本とするやり方は、西洋世界において『聖書』に次いでよく読まれたと言われる書物『ユークリッド原論』以来の伝統である。紀元前三世紀頃にアレクサンドリアの数学者ユークリッド（エウクレイデス、前三三〇—前二七五頃）によって著された『原論』全十三巻は、初等幾何学や初等整数論、比の理論などといった、エジプト、メソポタミア、ギリシャ諸文明において当時までに発見・研究されてきた盛りだくさんの内容を、この〈定義→定理→証明〉というスタイルを徹底的に採用することで、一つの調和のとれた世界にまとめあげたものとして有名である。しかし、この書物の重要性は単に既知の数学の総集編であることにとどまるものではない。〈定義→定理→証明〉という図式を禁欲的に適用することで、例えば三平方の定理などの一般的で有用な定理が、どのような原理によってどのような前提から導かれるのか、という点を明らかにしたことこそが重要なのだ。

『ユークリッド原論』でも各巻の最初に原理や前提となるべきことが列挙されており、以後の定理や証明はこれらの〈約束事〉に則《のっと》って忠実に遂行されていくという立場が明確にされている。これらの約束事は、いわば理論そのものの〈変数〉としての役割を果たしており、これらを別のものにとり替えたり変形させたりすることで、まったく新しい数学の体系が生じる可能性がある。十九世紀という時代は、このような〈約束事＝理論の変数〉という発想が、次第にはっきりと認識されるようになった時代でもあった。実際、この変数の一つ、いわゆる平行線公準を別のものにとり替えることで、非ユークリッド幾何学という新しい幾何学の体系が発見されることになる。

もちろん、ルジャンドルが『幾何学原論』を書いた時代には、約束事を変数のように自由に操作して新しい数学の地平を構築するという、非常に自由な数学の発想はまだ獲得されていなかった。ルジャンドル自身も平行線公準について深い研究をしていながら、そこまで抜本的な発想の転換には、ついにいたることはできなかったのである。前述のようにルジャンドルはガウスと比較されることが多いが、ここでもガウスがルジャンドルを根本的に凌駕《りょうが》していたことは現在ではよく知られている。ルジャンドルは、いわば十八世紀以前の数学――後述するような様々な意味合いを込めてこれを〈近代西洋数学のアンシャン・レジーム期〉と呼ぶことができるだろう――と、数学が新鮮な豊かさとまったく新しい自由を獲得する十九世紀以降の数学――その基層にはガロアもいる――との過渡期にいるのである。そしてこれも後述するように、ここでもその過渡期の背景にあるのはフランス革命なのだ。『幾何学原論』は、このような数学史的な観点からも興味ある書物なのである。

## 初等幾何学の〈エスプリ〉

このように、『幾何学原論』という書物はその著述スタイルにおいて、『ユークリッド原論』以来の禁欲的な〈定義→定理→証明〉という伝統を踏襲している。しかし、それだけだったら、ガロアを夢中にさせはしなかったであろう。実際、中身を読んでみると、この〈禁欲的なスタイル〉という見方は、多少差し引いて考えなければならないようにも思われてくるのである。実を言うと、数学の専門家でない一般の人々が数学の専門書を見たときに感じるような、まったく無味乾燥な本だとは簡単に断定できないのだ。

そのあたりの事情は、この本に対する後世の人々の評価がまちまちであることにもよく表れている。例えば小堀憲著『18世紀の数学』の中で小堀はこの本について、

エウクレイデス〔ユークリッド〕の方法が軽視される時代に反抗して、直観を避け、論証的な幾何学を再現することに意を用い、エウクレイデスの公理を整理している。

（小堀憲『18世紀の数学』一四五頁）

と述べているが、これに対してストルイクは、

……『幾何学原論（一七九四年）』で彼〔ルジャンドル〕は、ユークリッドのプラトニックな理想と決別し、近代教育の要請に応じた初等幾何学の教科書を上梓《じょうし》した。

(Struik, p.211)

と、ほぼ反対のことを述べている。これらの意見の中庸を行く評価としてはボイヤーの、

……〔ルジャンドルの〕狙いは幾何学の〈極めて厳密な原論を構成する〉ことにあるとしてはいるが、たとえ明快さを犠牲にしても、厳密性を迷信的に追求したペダンティックな記述で塗りつぶすようなことはなかった。

(Boyer, p.542)

がある。ここまで後世の人々の評価が一定しないのは珍しいだろうと思われる。

筆者はといえば、ボイヤーの言うような中庸的評価に賛成である。この本には確か

に小堀が指摘するような「論証的な幾何学」の再構築という遠大な目的があることは否めないが、その一方で教科書としての配慮も随所に見られるからだ。そのため禁欲的な論証の流れを展開する傍らで（小堀の意見とは食い違うことになるが）〈健全な図形的直観〉を動員することに躊躇《ちゅうちょ》していない。論証の禁欲さと図形的な直観のバランスを上手にとりながら、初等幾何学の〈エスプリ〉を養うことを目的としていると言えそうだ。そして多分ここにルジャンドルの独創性の発露があり、少年ガロアを虜にした所以《ゆえん》がある。

例えば、第一巻最初の命題は「直線上に点が与えられたとき、その点から直線の垂線（直角に交わる直線）を引くことができる」というものである。『ユークリッド原論』なら定規とコンパスを使って作図する方法を与えそうな命題だが、ここでルジャンドルは極めて直観的な議論をする。「その点から何でもいいから直線を引きなさい。その直線を動かして、もとの直線との間にできる左右の角度が等しくすることができる。それが垂線だ」。簡単に言うと、これが証明なのだ。ユークリッドは定規とコンパスを使って実際に垂線を引くための方法を示すことで論証的な証明を与えるのであるが、ここでのルジャンドルのやり方は勇壮なまでに直観的である。

総じて言えば、命題の並び方や対象の選び方、あるいは議論のスタイルにはユークリッド以来の〈演繹《えんえき》的〉数学の伝統が保持されている一方で、一つ一つの推論では直観の働きを大事にしている。形の上ではソナタ形式などの古くからの楽曲構成を大切にしながら、一つ一つのフレーズや和音の使い方は大胆に感性的である——音楽でならこのような喩《たと》えができるだろう。厳格主義を追い求めるという禁欲指向と、健全な直観を大胆に適用するという感性指向の融和、それによってもたらされる初等幾何学の〈エスプリ〉の有機的世界。これがルジャンドル『幾何学原論』の特色であり、多分それまで数学の魅力をまったく知らなかったガロアを夢中にさせた最大の要因であろうと思われるのである。

## 新しい感性と伝統的形式美の融合

数学、特に「西洋数学」は常に厳密性と直観の狭間《はざま》で葛藤《かっとう》してきた。その歴史においては、いつでも〈論証〉による厳密なスタイルと直観的な正しさを〈見る〉こととの駆け引きから新しいものが生まれてきたのである。

一例を挙げれば、先にも述べた「平行線公準」をめぐる歴史の展開がある。ルジャンドル『幾何学原論』の第一巻には「直線とその上にない一点が与えられたとき、その点を通りその直線に平行な直線が、ただ一本引ける」という命題がある。ここでルジャンドルは平行線が引けることを示した後に、それが「ただ一本」であることについては「明らかなこととして認めることにする」と述べている。つまり、証明なしで認めるという方針をとると宣言しているのだ。

実はここに後の「非ユークリッド幾何学」発見へとつながる平行線問題の本質がある。ルジャンドル自身も平行線の問題は深く研究しており、後世の目から見れば「非ユークリッド幾何学」の発見にかなり肉迫していた。だから彼はこの命題で「ただ一本」という主張が〈手に負えない〉ものであることをよく理解していたはずである。「証明なしで認める」というその言明には一切のごまかしも言い逃れもない。「ここに問題がある」と率直に認めている。むしろそこには一流の数学者としての面目躍如が感じられるだろう。ただ残念なことに、彼はそこから先に進むことができなかった。歴史が明らかにしているように、彼は後の非ユークリッド幾何学の発見者たち、ガウス、ボヤイ、ロバチェフスキーらの後塵《こうじん》を拝することになる。

それはそうとしても、今まで述べたことから、後に数学の天才と言われる少年ガロアが数学の世界、素晴らしき調和の世界を見出したその最初のきっかけがルジャンドルの『幾何学原論』にあったことは、まったく理由なきことではないことがわかると思う。前述したように、この本は、いわば新しい感性と躍動感に満ちた和音やフレーズを大胆に用いながら、同時に伝統的な形式を厳格に守って作曲されたソナタのようなものなのだ。この天才少年は、そこに著者のルジャンドル自身も気付かなかったような、自由な世界の端緒を見出したかもしれない。その直観性と形式美の織りなす世界を一望したとき、ガロアの人生は大きく転回したのである。

## 3　数学への渇望

### 孤独な数学少年

ルジャンドルの『幾何学原論』が、十五歳の少年ガロアを一瞬のうちに数学に目覚めさせた。このこと自体には偶然はない。以上述べた理由により、そこには何らかの必然的な要素がある。偶然があるとすれば、それはヴェルニエが「準備数学」クラスの教科書に『幾何学原論』を採用したことであり、ラボリー校長がガロアを容赦なく落第させたことにある。そのラボリーが校長となった経緯には専制的なベルトー前校長の更迭があり、そしてその背景には前述の通り一八二四年一月二十八日の乾杯事件があった。これら偶然とも必然とも言い難い不思議な歯車の連関から、一人の天才数学者が出現したのである。

ガロアにとっては『幾何学原論』における議論全体の流れが一つの物語、あるいは音楽の流れのように首尾一貫したものとして捉《とら》えられたのだろう。その物語に直接アクセスできなければ、たった数日で読み通すことなど不可能だったに違いないからだ。そして間もなく、ガロアの興味は『幾何学原論』に書かれてあることより、はるかに深い内容に移っていった。ルジャンドルの与えた証明とは別の、自分なりの証明法や議論の道筋を発見するだけでは、もはや満足できなかったのである。彼の目はすでに『幾何学原論』のその先の数学を求めて彷徨《ほうこう》していた。

彼は代数学の教科書にも目を向けたが、意外にも、それにはあまり魅力を感じなかったらしい。学問の内容が合わなかったというより、ルジャンドルの本ほどの独創性がなかったことが原因だろう。そこで彼は、それらありきたりの教科書をすべて放り投げ、当代一流の数学者たちの著作から直接数学を学ぶことにした。その一環として、彼はジョセフ＝ルイ・ラグランジュの有名な著作、後述の『任意次数の数値方程式の解法(Traité de la résolution des équations numériques de tous les degrés)』にも出会う。これは二次方程式、三次方程式、さらに一般の高次の代数方程式の一般解法についての省察である。この書物もガロアに強い印象を残したはずだ。というのも、ガロアが後世にその天才的偉業を残すことになる理論、少なくともその一つの分枝は、代数方程式の一般解法に関するものだからである。

ガロアが数学にのめり込むにつれ、前述の通り、数学以外の科目に対する興味は急速に失われていった。もちろん、これはガロアの学業成績という観点からは望ましくない結果を導くことになる。一八二七年秋からは前年度の修得に失敗していた修辞学級に再度進級したが、ここでの教師たちの評価は芳しくない。というより、事態はさらに悪くなっている。

彼の仕出かすことといったら、我々もじきに相手にしなくなるような空想じみたことばかりである。

課題を満足にやらないし、何かするにしても、奇怪なことや怠惰なことばかりだ。

いつもやってはいけないことばかりしていて、しかも熱中している。

絶え間ない放蕩《ほうとう》に、うんざりさせられる。

日々状況は悪くなっていく。

と散々である。引き続き「準備数学」クラスを担当したヴェルニエの評価こそここまで悪いものではないが、それでもガロアの天才と引き合うほどのものではない。それもそのはずで、すでにガロアはヴェルニエの退屈な講義には見切りをつけ、日々の課題を真面目にこなしてはいなかった。彼は自分の好きな数学の世界にまったく一人で歩みだしていた。彼を指導するのは本であり論文であり、そしてなによりも自分自身の脳だったのだ。誰も当時のガロアを激励し方向付けるものはいなかった。彼はまったく孤独だったのである。

〈不良少年〉ガロア

さらにこれらの評価から、この時期彼の性格の一つ、それも多分最も重要な一つである〈攻撃性〉が顕著になり始めていることに気付く。数学の世界に籠《こも》り、他のことに対する現実感が急速に失われてしまうだけではなかったのだ。自分だけの自由な内面世界を獲得することでいよいよ活気付いたであろう、反抗期の少年特有の傲慢《ごうまん》さ、奔放な態度。これらはガロアの場合、監獄のようにも感じられた学校や、彼には無能と思われた教師たちへの辛辣《しんらつ》な反抗的軽蔑《けいべつ》となって表出した。今風に言えば、彼は立派な〈不良少年〉になっていたのである。

後世の目から見れば、ガロアはなにしろ偉大な天才である。この視点からはもっぱら教師の無理解と無能力ばかりを責めることにしかならないだろう。もちろんヴェルニエのような、天才の才能を早期に見出してそれを生き生きと伸ばしてやれるという、またとない機会に恵まれていた教育者が、それにまったく気付かずに営々と退屈な授業を繰り返すばかりであったことはまことに残念であるし、それをして彼の無理解を責められても致し方ない。しかし、ガロア自身にも問題はあったのだと思われる。

母から受け継いだ独創的で合理的な精神は、圧倒的と彼には感じられたリセの空気の中で熟成され、さらに数学との出会い以後自分の内面世界へ激しく傾倒することで、現実世界への軽蔑という形に次第に完成されていく。時代背景、学校の状況、そして彼自身の性格という三つの要素が、数学との出会いという心の火花によって一瞬のうちに非可逆的な化学反応を起こしてしまった。もう後戻りはできない。彼の内面は、以後ますます激しく数学を渇望するであろうし、彼の攻撃的な性格はますます先鋭化されていくだろう。

# 第三章　数学史的背景

# 1　エコール・ポリテクニーク

## 科学技術専門の高等教育機関

ガロアの人生のその後の経緯について述べる前に、ここでちょっと立ち止まって、ガロアが数学に目覚めた頃の数学界の様子や、その数学史の中での位置づけについて簡単にまとめておきたい。最初に取り上げるのは、「エコール・ポリテクニーク（高等理工科学校）」という学校である。ガロアはこの学校に入学することを強く希望したが、結局その希望は叶《かな》わなかった。しかし、この学校は当時の一流の数学者たちの〈住処《すみか》〉となっており、いわば数学界の中心点の一つであった。その意味で、ガロアの生涯を語る上でも、またその数学史的背景を理解する上でも、避けては通れない重要なものなのである。

第一章で述べたように、フランス革命期以前のフランスでは初等・中等教育は主にカトリック教会の指導のもとに行われていた。その教育の内容もキリスト教の教義に基づいた古典の翻訳・解釈などであり、自然科学や数学などの教育はほとんど行われていなかったと言ってよい。しかし、自然科学や数学が教育科目となる機会がまったくなかったかというと、そういうわけでもない。当時これらの科目は陸軍や海軍の士官学校では教えられていたのである。強い軍隊を持つためには、弾道計算や軍艦建造の技術などの実際的な要請から、自然科学や数学の高い学識を持ったエリートを養成する必要があったのだ。

フランス革命以前のフランスでは、数学者たちは大学ではなく、王立アカデミーのポストを得ることで日々の糧と名声を得ていた。もちろん、そのような人々はほんの一握りであったから、学問としての数学に携わるその他の人々は各地の陸軍士官学校の教壇に立つことで生活していた。「ラプラス変換」や「ラプラスの悪魔」で有名なピエール＝シモン・ラプラス（一七四九―一八二七）も、最初は陸軍士官学校の教授職から始めて、後にアカデミーのメンバーとなった一人である。

しかしフランス革命が起こると、アカデミーや各地の陸軍士官学校は王党派の巣窟《そうくつ》と見なされ次々に閉鎖される。王立アカデミーが解散したのは、ジャコバン政府が成立し恐怖政治が始まろうとしていた一七九三年夏のことであった。ジャコバン党員の目には、アカデミーは陰謀と腐敗に塗《まみ》れたもののように見えたのである。「人民の友」と呼ばれていた革命指導者のマラーは、アカデミー会員を「現代の山師」と呼んだ。革命の嵐は陸軍士官学校にも吹き荒れ、一七九四年までにはそのほとんどが廃校となってしまった。

よく知られているように、ロベスピエールやダントンらによるジャコバン政府の指導者たちは、国民主権や普通選挙制度といった、当時としては画期的な民主主義的理想を掲げながらも、対ヨーロッパ戦争や反革命勢力との不断の闘争という現実に直面して急速に先鋭的になり、かえって行き過ぎた専制政治に走っていった。恐怖政治は国中に吹き荒れ、途方もなく多くの人命が断頭台によって断たれた。化学の歴史上有名なラヴォアジエが、革命以前に徴税関係の政府組織に関与していたことを問責され、処刑されたのもこの時期である。その行き過ぎた政府は、実際上フランスにおける科学技術の発展の息の根をも止めようとするものだった。

しかし、高い科学技術レベルの維持や、高い技術や知識を身に付けた人材育成の重要性は、本来いかなる状況においても変わりはない。恐怖政治という試練から立ち上がろうとするフランスを、ジュール・ミシュレは次のように描く。

永遠に記憶されるべき時だった! 熱月《テルミドール》九日の二ヶ月後であった……人々は生命を再び信じるようになっていた。フランスは墓から出て、突然二千年という歳月で円熟し、輝き、血まみれとなったのである。そしてすべての子供たちに、自らの偉大な経験に関する至高の教育を受けるようにと呼びかけたのである。フランスは子供たちに言った。やって来て見てみたまえと。

……(中略)……

この大きな試練のあとでは、あらゆる人間的情熱にとって、一瞬の沈黙が生まれたように思われる。もはや傲慢《ごうまん》も利己心も羨望《せんぼう》もないであろうと、信じることができたのである。そして国家においても知識においても最高の地位にあった人々が、教育という最もつつましい役割を引き受けるといった事態も起きた。ラグランジュやラプラスが算術を教えたのである。

（ミシュレ『民衆』二七五―二七六頁）

一七九四年九月、まさにジャコバン政府が転覆した熱月九日の二ヵ月後、後に「エコール・ポリテクニーク」と名付けられる科学技術専門の高等教育組織が発足した。創立委員の一人、化学者フルクロアが議会に提出した創立趣意書は次のように謳《うた》う。

憎むべきロベスピエルは人道を呪い、学芸を地上より芟除《さんじょ》〔刈り除くこと〕企てた形跡顕著である。然《しか》るに学芸が共和国の兵士を益すること多大である。兵器弾薬を製造し、鐘を鋳て大砲を作り、軽気球を飛ばして敵情を探り、電信線を架設し、一週間にして軍用皮革を製し、軍隊に滋味にして便利なる食料を供給するものは、皆学芸の力である。否々それのみでない。共和国の敵を殲滅《せんめつ》すべく新兵器を発明することも又学芸力にのみ期待されるのである、等々。

（高木貞治『近世数学史談』七二頁）

なにしろ対ヨーロッパ戦争に勝利して革命を成功させることが急務であった時代である。現在の我々から見れば軍事目的に偏り過ぎているこの草案も、当時の議会を納得させるためには最上の方便と思われたのであろう。いずれにしても、こうしてエコール・ポリテクニーク設立は議会で認められ、この年の十二月には初年度の学生たちを迎えることとなった。

## 数学基礎教育の重要性

エコール・ポリテクニークはその国防目的の設立背景にもかかわらず、当初から単なる技術者養成の専門学校としてではなく、より広い意味で学識のあるエリート市民を育てることを目的としていた。そのため砲兵術や弾道学などの即戦力となる実学だけでなく、自然科学や数学の基礎をしっかり教え込むことが重要視された。その教育プログラムの成立に大きく貢献したのがガスパール・モンジュ(一七四六—一八一八)である。

モンジュはボーヌの刃物研ぎ職人の家に生まれたというから、純然たる庶民階級の出身である。そのために苦労することも多かったが、非常に才能豊かであることが次第に認められ、本来なら入学すら認められないはずのメジエールの陸軍工兵学校に学び、後にはその教師にまで上りつめていた。彼はそこで後に「射影幾何学」という数学の一分野にまで発展することになる、いわゆる「画法幾何学」の基礎をほとんど一人で完成させていた。その類《たぐ》いまれな能力――数学者、教師としてだけでなく幅広い行政的手腕も含む――と、庶民階級出身という特異な出自も手伝って、革命後の一七九二年には革命政府の海軍大臣に大抜擢《ばってき》される。

ガスパール・モンジュ（1746-1818）

モンジュは一七九四年のエコール・ポリテクニーク設立運動には率先して参加し、常に指導的な立場にあった。設立後もこの新しい学校の有力な支柱であり続け、現在においても世界最高位の教育研究機関としての誉れ高いエコール・ポリテクニークの礎《いしずえ》を築いた最も重要な一人とされている。その設立当初の教育プログラム制定には、彼の数学や自然科学に対する造詣《ぞうけい》の深さや、教育に対する視野の広さが遺憾なく発揮された。次節で述べるように、十九世紀にはフランスに限らず、広くヨーロッパで理論的な数学が一斉に花開き爆発的な発展を遂げることになるのであるが、この〈西洋数学の十九世紀革命〉のきっかけの一つには間違いなくフランスにおけるエコール・ポリテクニークの開学がある。それを思えば、モンジュがやり遂げた事業は単に一つの学校の開学にとどまらず、全世界的な数学や自然科学の近代化の礎を築いたことだとも言えるのだ。

今まさに差し迫った敵がいて戦争に勝たなければならない。そのため急いで教育を充実させ、国力を増大しなければならない。日本の明治維新においてもそうであったが、差し迫った富国強兵の要請に応《こた》えるため、フランスの高等教育改革の推進者たちは即戦力の実学よりむしろ基礎教育の拡充を目指したのである。当時の人々のこの慧《けい》眼《がん》は後世にも記憶されるべきだろう。

## ナポレオンの庇護

現在でもエコール・ポリテクニークは、理工系エリート養成のための高等教育機関としての伝統を守っている。その開学当時の事情について、もう一つ特筆すべきことがあるとすれば、それはナポレオンとの関係である。革命思想に基づいた設立の経緯や、その軍事的性格から推して当然のことであるが、ナポレオンはエコール・ポリテクニークを特に重要な教育機関と位置づけ、その発展を支援し続けた。度重なる軍事上の強い要請によって教師や学生たちが戦場にかりだされ、そのために日々の学業がおろそかにされるということも少なからずあるにはあったが、ナポレオンは「金の卵を産むめんどりを殺してはならぬ」と言って、エコール・ポリテクニークへの軍事的要求をやめさせたということである。また一八一四年三月三十一日のパリ陥落の際には、エコール・ポリテクニークの学生たちも馳《は》せ参じてコサック兵と戦闘を交えた。栄えあるナポレオン軍の一員として戦った彼らも、ナポレオン体制が事実上崩壊した四月には、また粛々と学業に戻ったということだ。復古王政時代にも脈々と生き続けるエコール・ポリテクニークの軍事色や、その校風の底流に流れる自由主義的傾向は、この時代に形作られたものなのだ。

革命時代のまっただ中、それもある意味最悪の時代に設立されたという特異な事情のもと、めまぐるしく変転する政治情勢の荒波にもまれ続けたにもかかわらず、エコール・ポリテクニークは一貫して高い教育理念を維持し、着々と発展し続けることができた。政治や社会がどのような状態であろうと、基礎と応用のバランスのとれた高いレベルのエリート教育が重要であることには変わりないという強い国民的な意志の表れとも言えるだろう。

## 2　西洋数学の流れ

### 西洋数学史のエポック

エコール・ポリテクニークを生み出した当時のフランスの状況は、ガロアを取り巻くアカデミックな時代背景の一端を説明している。その一方で、ガロアの数学者としての位置づけについて述べるためには、ガロア以前の数学史的背景について、簡単に概観しておくべきだと思われる。

一般的に言って、十九世紀までの西洋数学の歴史を考える場合、次のようなエポックに分けて考えると便利である。

・源流――古代文明期からアラビア数学期
・十二世紀ルネッサンス
・十七世紀――西洋数学の本格的始動
・十九世紀革命

### 西洋数学の源流

最初にここで言っている「西洋数学」という言葉の意味を明らかにしておきたい。現代のように世界中の文化が互いに速いテンポで影響をおよぼし合う時代においては、数学や自然科学といったものは、すでに人類共通の文化になっている。実際、初等教育から高等教育にいたるまで、そこで教えられる数学の内容は、細かい点でのバラツキはあっても、基本的にはどこの国でも同じものだと考えてよいだろう。そして、これら各国で教えられている教科としての数学の内容は事実上西洋数学の伝統に基づいたものとなっている。しかし十九世紀以前においては一口に「数学」と言っても、国や地域によって様々な伝統や形態があった。中国には独自に発展した数学のやり方があり、西洋のものとは技術的な違いだけでなく、根本的な考え方のレベルから異なっていたのだ。また、主に中国数学の影響から出発した日本では、十七世紀以降「和算」と呼ばれる独特の数学文化が花開いたこともよく知られている。数学と言えば文明開化時代に西洋から伝わってきたもの、という考え方をする人は、現在ではほとんどいないであろう。西洋数学も十九世紀以前においては、数多《あまた》ある数学文化の一つの地域的な形態と捉《とら》えるべきものである。

西洋数学の源流はエジプト、メソポタミア、ギリシャなどの古代文明にある。特にギリシャ数学においては、第二章で述べた『ユークリッド原論』に見られるような、いわゆる演繹《えんえき》的数学――つまり、考察する対象を「定義」し、それらの性質を「公理・公準」として約束し、そこから論理的に「定理」を証明するというスタイルの数学——が発達した。この伝統は西洋数学に受け継がれ、その最大の特色の一つとなっている。中国や日本の数学においては、このような演繹的数学という考え方は、少なくともその根本の指導原理ではなかったのであるから、これは西洋数学の一つの独自性だと言えるのである。

しかし、西洋数学の源流はこれだけにはとどまらない。その歴史を考える上で重要なのはイスラム文化の影響である。ギリシャ文明において独自の形態を発達させた古代ギリシャ数学は、ヘレニズム期においてすでに極めて高度なものに発達していた。しかしヘレニズム世界が衰退するにしたがって、これらの発展の中心は次第に東方に移り、中世初期においてはイスラム世界が自然科学や数学研究の世界的中心となる。このアラビア数学期は約八百年も続く歴史的スパンの長いものであったが、その頃にはインドや中国などの影響も少なからず受けていたと考えられる。したがって西洋数学はその源流において、様々な文明における雑多な数学の伝統が入り混じった〈ブレンド数学〉としての特徴を有しているのである。

以上述べた二つの側面、〈演繹的〉方法を方法論的な指導原理として採用するということと〈ブレンド数学〉であるということが、西洋数学を根本から特徴付ける特色であり、その源流において培われた基本的な個性なのである。

## 十二世紀ルネッサンス

これらの個性を有する数学の文化が本格的に西洋世界に輸入されるようになったのは、いわゆる「十二世紀ルネッサンス期」においてである。当時の西洋世界は、イスラム世界に対して決定的に遅れをとっていた後進地域であった。その西洋社会がイスラム圏の文化を吸収しようと躍起になり始めたのが十二世紀である。この時代には、多くの人々がアラビア語の書物を争うようにラテン語に翻訳し始めた。その背景にはイスラム教国の軍事的脅威と十字軍運動を通して、西洋人の目が東方に開かれたことがある。伊東俊太郎はこれらの翻訳書の中に、彼ら翻訳家たちの情熱と時代の雰囲気を読みとっている。

私はウィスコンシン大学の人文科学研究所で、当時そこの所長であった中世科学史の碩学《せきがく》マーシャル・クラーゲット博士（後にプリンストン高等学術研究所教授）といっしょに、十二世紀のラテン語の古文書を読んでいた。それはバースのアデラードが、アラビア語からラテン語に訳したギリシャの数学書であった。ただたどしいアラビア語の音訳をまじえた、このマニュスクリプトの行間から伝わってくるものは、この西欧の先駆的知性が、当時の高いアラビア文化の強烈な光にあてられながら、孜々《しし》としてオリエントの先進文化を学び吸収しようとしていた生々しい情熱であった。それはあたかも、明治のはじめにわが日本のインテリたちが西欧の文物をはじめて翻訳し消化吸収しようとしたあの意気込みにも似た、進取の気性と劣等感の入りまじった複雑な若々しい精神の高揚が感じられるのであった。

（伊東俊太郎『文明の誕生』一五頁）

## 十七世紀——西洋数学の本格的始動

このように、西洋数学の芽生えは十二世紀ルネッサンスにあった。「西欧の先駆的知性」たちによる大翻訳運動がその端緒にあったのである。もちろん、すぐに彼らの努力が報われたわけではない。イスラム世界の進んだ数学文化を取り入れ、これが定着し、そして西洋世界独自の文化へと発展するには何世紀もの時間が必要であった。その間にも十三世紀初頭に活躍したフィボナッチ（ピサのレオナルド、一一七〇頃—一二五〇頃）や、またガロアの歴史的業績の一つである代数方程式の理論に関連して後述するように、カルダーノやフェラーリといった人々による新しい寄与はある。これらの業績はもちろん極めて顕著なものであるが、それらはアラビア数学からの伝統の延長線上にあるものである。つまりイスラム世界からの〈輸入型〉数学のパラダイム内での寄与なのであり、文化的にまったく新しい立脚点に立ったものではない。

西洋数学が独自のパラダイムを創造し、新しい数学の伝統を本格的に始動させたのは十七世紀に入ってからである。その起爆剤となったのは十六世紀末にフランソワ・ヴィエト（一五四〇―一六〇三）が著した『解析技法序説（In artem analyticam Isagoge）』であった。この書物の中でヴィエトは、現在我々が中学校や高等学校で教わるような文字式を用いた数学のスタイルを提唱した。それ以前の数学でも、現在の我々が未知数を「$x$」などの文字を使って表すように、文字を使って方程式を立てるという発想はあった。しかし未知数だけでなく、その他の既知定数などをも徹底的に文字化して、具体的な数の計算というレベルから、より形式的な文字式の計算という立場に数学のスタイルを引き上げたのは、ヴィエトが最初である。

フランソワ・ヴィエト（1540-1603）

何でもないようなことにも思われるかもしれないが、これによって、それまでは具体的な方程式しか扱えなかったのが、一般的な状況で議論できるようになった。それだけでなく、それらの〈式〉や解法の〈形〉、さらには〈パターン〉といったものにまで目が向けられるようになったのである。数学はより一段高い視点を獲得することになったのだ。

この新しいスタイルの創造がもたらしたインパクトは非常に大きかった。十七世紀にはルネ・デカルト（一五九六―一六五〇）による座標系の導入や、ピエール・ド・フェルマー（一六〇一―一六六五）による接線法といった新しい進歩がある。また、同じ十七世紀にはアイザック・ニュートン（一六四三―一七二七）とゴットフリート＝ヴィルヘルム・ライプニッツ（一六四六―一七一六）によって微分積分学が発見された。これらの業績はアラビア数学の延長線上にはない、西洋独自の新しい視点に基づいたものである。その意味で十七世紀という時代は、西洋数学が十二世紀の芽生え以来ようやく独自の個性を獲得し、本格的にその発展を開始した時節であると言える。

## 十八世紀の発展と十九世紀革命

この十七世紀における転回は、西洋数学がその源流から受け継いだ演繹性とブレンド性を、西洋独自のやり方で発展させることで実現されたものである。次の十八世紀においては、この新しい視点に立った数学のスタイルから多くの果実が収穫された。例えば、この時代にはレオンハルト・オイラー（一七〇七―一七八三）がいる。

しかし、この新しい数学の地平から最も豊かな果実を収穫し、西洋数学が百花繚乱《ひゃっかりょうらん》たる爆発的な発展を開始したのは十九世紀に入ってからであった。十七世紀というエポックにおいては、数学は文字式を徹底的に運用することで、それら式の形やパターンに対する視点を獲得したのであったが、十九世紀になると概念を用いた数学という、さらに一段高い立脚点に立つことになる。これによって、より深い意味でのパターン、いわゆる〈構造〉に視点が向けられ、数学はより強力な知的マシンへと大きく変貌《へんぼう》する。この数学史上ほとんど唯一と言ってもよい極めて重大な変化を、筆者は西洋数学における〈十九世紀革命〉と呼んでいる。そしてこれに呼応する形で考えるなら、十七世紀に西洋数学が本格的に始まって以降、十九世紀革命が起こるまでの時期を、前述したように「近代西洋数学のアンシャン・レジーム期」と呼ぶことができる。

これまでに概観した西洋数学史のエポックを、大雑把に図式化すると次のようになる。

- 源流……………………〈演繹性〉と〈ブレンド性〉の獲得
- 十二世紀ルネッサンス……アラビア数学の輸入、大翻訳運動
- 十七世紀………………「数・図形」から「式」へ
- 十九世紀革命……………「式」から「概念」へ、構造的数学の始まり

ベルンハルト・リーマン（1826-1866）

## ガロアの位置

この「十九世紀革命」について詳説することは、いささか本書の主題からは外れることになるし、拙著『物語　数学の歴史』（中公新書、二〇〇九年）で詳しく述べたので、ここでは詳論を避けるが、ガロアの業績との関連について簡単に述べておくことは必要であると思われる。実は、このことは本書の後半の内容をある程度先取りすることになるから、ガロアの生涯とその数学について今後述べることへの、よい導入ともなると思う。

この十九世紀における数学の根本的なパラダイムの転換点には、ベルンハルト・リーマン（一八二六―一八六六）による一八五四年の教授資格取得論文『幾何学の基礎にある仮説について』がある。この中でリーマンは後に「リーマン幾何学」と呼ばれることになる新しい幾何学の視点を打ち出したのであるが、ここでもたらされた新鮮な思想、特に空間概念の「仮説性」という考え方は、幾何学のみならず数学全体の根本的な様式そのものを一変するものであった。平たく言うと、数学が扱うべき〈数学的実体〉の概念を一新したのである。リーマンにとってこの〈実体〉とは「多様体（Mannigfaltigkeit）」と呼ばれる概念の集合体であり、これが後の「集合論」の勃興《ぼっこう》の先駆けとなった。リーマンによって数学は式を対象としていたそれまでのやり方から、概念を対象とするものに明確に変革されることになったのである。集合の概念はリーマンが夢見た多様体を実現し、これに外延的な外観を与えた。それによって、今日までに発達してきた、いわゆる「構造的数学」への道が開かれたのである。

ここで言っている〈構造的〉という言葉は、もちろんよく言われる構造主義という考え方と深く関係している。構造主義というのは、事物を単独で見るのではなく、他の事物との関連において、いわばそれら対象とする事物全体のなすシステムの中で捉えることを主旨とした考え方である。個々の事物でなく、それらが集まって形成されるシステムの〈構造〉を理解することが重要視されるということだ。そして数学における構造主義は、そのシステムを表現する基本的言語として「集合」を採用する。集合に、これもまた集合論の言葉で記述される構造を（付加的・仮説的に）与え、こうしてできた〈構造付き集合＝空間〉を調べることを目指す。これによって、それまでの古典的な数学の見方からは想像もできなかったような新しい切り口が生まれ、驚くほど広汎《こうはん》な数学の問題に応用することができる。

実は、ここにガロアの業績の数学史における重要なポイントがある。後述するように、ガロアは、西洋数学の源流から受け継がれた、いわば伝統的な問題である「代数方程式の解法」の問題について極めて斬新《ざんしん》な理論を発見するのであるが、その斬新さの背景には、まさに「構造主義的数学」の先駆けが見られるのだ。この点でガロアの理論には、例えばラグランジュといった先駆者たちがついになし得なかった真に強力な進歩があるのである。

ガロアの理論は構造主義的数学を先取りしていた。もちろん集合論といった構造主義的数学の言葉は当時存在していなかったし、ガロア自身も知らなかった。現代の我々には簡明に記述できるようなことも、当時はそれを表現する手段がなかったのである。そのためガロアの論文は当時の人々には一般に難解で煩雑《はんざつ》なものと思われがちであったし、その理論は数奇な運命をたどることとなる。

本書でも後で詳しく述べるように、ガロアは二十歳の若さで死んでしまう。ガロアが人並みに長生きしていれば、彼の斬新なアイデアを改良し、さらに深めていくだけの時間は十分にあっただろう。そうしていればリーマンより十年も二十年も早く、十九世紀革命の転換点がガロアによってもたらされていたかもしれない。その後の数学の発展史は、今までのものとはまったく違ったものになっていたかもしれないのだ。エヴァリスト・ガロアという若者は、実際に数学史を塗り替えた人物であり、そしてさらに深く塗り替えていたかもしれない人物なのである。

# 3　方程式を解く



## 代数方程式とは

ガロアの数学上の業績の中で、特に際立って有名なのが、「代数方程式の代数的可解性」の問題――簡単に言えば〈解けるか・解けないか〉の問題――に決着をつけた、いわゆる「代数方程式のガロア理論」である。これについては、そもそも本書の主題にそぐわないので詳論は避けるが、今後のガロアの数学上の活動を読み解く上で参考となる程度に、ガロア以前の状況を簡単に概観しておこう。

「代数方程式」とは、読者の多くが中学校や高等学校の数学で習ったであろう一次方程式や二次方程式などの、一つの未知数「$x$」についての方程式である。一般には三次以上の高次方程式も含むのであるが、その〈形〉は「$x$」についての多項式を使って表されるものである。一次方程式は移項などの形式的な式変形で解けることは、読者の多くもご存知だろう。四則演算、つまりたし算、引き算、かけ算、割り算だけでいつでも解くことができる。

二次方程式の方はこれよりはもう少し難しくなる。その一般的な解（「根」とも言う）を与える公式、いわゆる〈解の公式〉は四則演算だけでは与えることができない。

**代数方程式**

未知数 $x$ に関する

$$x^n + a_1 x^{n-1} + a_2 x^{n-2} + \cdots + a_{n-1} x + a_n = 0$$

という形の方程式を「$n$ 次代数方程式」あるいは単に「$n$ 次方程式」という。

一次方程式とは $x + a = 0$ という形の方程式であり、その解は $x = -a$ である。

二次方程式 $x^2 + ax + b = 0$ の解は

$$x = \frac{-a + Q}{2} \quad (\text{ただし} Q \text{は} a^2 - 4b \text{の平方根})$$

で与えられる。ここで $Q$ の選び方には二通りあり、一つ $Q$ を選ぶと、もう一つは $-Q$ で与えられる。

具体的には平方根をとるという操作を一回だけ行わなければならない。

二次方程式の解法の歴史はとても古く、すでに紀元前三千年紀のメソポタミア文明において知られていた。紀元前二〇〇〇年頃の粘土板文献『BM13901』には、与えられた二次方程式の解を得るための方法が一般的に述べられている。

一次、二次とくれば次は三次となるが、すでに三次方程式の一般的な解法はかなり難しい。その一般的な解法が発見されるには、十六世紀まで待たなければならなかった。

三次方程式の一般的解法を発見したのはスキピオーネ・デル・フェッロ（一四六五―一五二六）だったと言われているが、書物の上に現れるのはジロラモ・カルダーノ

②

**三次方程式の解法**

一般三次方程式

$$x^3 + ax^2 + bx + c = 0$$

を $x = y - a/3$ とおいて

$$y^3 + py + q = 0$$

（ただし $p = b - a^2/3$, $q = c - ab/3 + 2a^3/27$）と変形しておく。$z$ についての二次方程式 $z^2 + 27qz - 27p^3 = 0$ を解いて、二つの解それぞれの立方根 $\lambda$, $\mu$ を $\lambda\mu = -3p$ となるように選ぶ（選び方は三通り）と、

$$y = \frac{\lambda + \mu}{3} \quad したがって \quad x = \frac{\lambda + \mu - a}{3}$$

が求める解である。

（一五〇一－一五七六）が一五四五年に発表した『アルス・マグナ（Ars magna, seu de Regulis Algebraicis）』においてである。これらの解法に見られる特徴は、与えられた三次方程式からいったん二次方程式を作り、その根から四則演算で作られる式の立方根をとるというものだ。つまり、解にいたるためには途中の二次方程式を解くときに平方根を一回とり、その後に立方根を一回とる。

三次方程式の解決から四次方程式の解決までの時間は短かった。すでにカルダーノの弟子であったルドヴィーコ・フェラーリ（一五二二－一五六五）が一般的な解き方を発見している。四次方程式の場合は、まず与えられた方程式からある三次方程式を作り、その根から四則演算で作られる式の平

**四次方程式の解法**

一般四次方程式

$$x^4 + ax^3 + bx^2 + cx + d = 0$$

を $x = y - a/4$ とおいて

$$y^4 + py^2 + qx + r = 0$$

という形に変形しておく。$z$ についての三次方程式 $z^3 + 8pz^2 + 32\ (p^2 - 2r)z - 64q^2 = 0$ を解いて、三つの解それぞれの平方根 $\lambda, \mu, \nu$ を $\lambda\mu\nu = -8q$ となるように選ぶ（選び方は四通り）と、

$$y = \frac{\lambda + \mu + \nu}{4} \quad したがって \quad x = \frac{\lambda + \mu + \nu - a}{4}$$

が求める解である。

方根を二回とる。つまり、解にいたるまでには、平方根を一回、立方根を一回とり―― ここまでは途中に出てくる三次方程式を解くための手順である――、その後、平方根を二回とるということになる。

## 同じようには解けない

このように、すでに十六世紀までには三次方程式と四次方程式の解法は知られていたのであった。当然その次は五次方程式ということになる。三次、四次と見事に成功したのであるから、五次についても同じようにうまくいくはずだ、と当時の人々は考えたに違いない。しかし、これがなかなかうまくいかなかった。これ以後の時代において、この「五次方程式の一般的な解法を見つける」という問題は、多くの数学者に

とって魅力ある難問となる。多くの人々がこれを試み、挫折《ざせつ》を繰り返してきた。多くの数学者が一度はその解法を手に入れたと勘違いし、後で間違いが判明するといったことを繰り返したのである。後述するように、ガロアも一度はそのような間違いをしでかす。

四次までの代数方程式ではうまくいったことが、なぜ五次ではうまくいかないのか？　多分そのような疑問を持った人も少なくなかったであろう。しかし彼らのほとんどは、その理由は求める「解法」がとても複雑になるからだと思っていた。それは四次方程式までの解法の複雑さを考えても容易に想像できることであった。二次方程式の解の公式に比べて三次方程式の解の公式は、はるかに複雑になる。そして四次方程式の解の公式は、さらにもっと複雑となる。だから五次方程式の解の公式は恐ろしく複雑になるだろう。でもそれがどんなに複雑であっても、いつかは発見されるはずだ、と考えられていたのである。

しかし十九世紀に入って、事態は思わぬ方向に急転回する。実は五次以上の方程式は、四次までの方程式と〈同じようには解けない〉ことが明らかとなるのである。このことの意味は説明を要するだろう。

先に述べたように、二次方程式の解法においては四則演算の他に平方根を一回だけとる必要があった。三次方程式の場合も同様に、四則演算だけでは一般的な解法は得られないが、その他に平方根を一回と立方根を一回とることで解を得ることができた。四次も基本的には同様で、四則演算の他に平方根一回、立方根一回、その後に平方根を二回とって答えが出る。これらの解法に共通しているのは、四則演算の他に平方根や立方根などといった、いわゆる「べき根」をとる、という操作を何回か行うことで解に行き着くということである。その意味では解法の〈パターン〉が同じなのだ。このようなパターンの解法を、一般に「代数的解法」とか「べき根による解法」と呼ぶ。今述べたこと、つまり五次以上の次数の方程式は四次までの方程式と〈同じようには解けない〉ということの意味は、五次以上の方程式は一般に「べき根による解法」では解くことができないということなのである。

このこと自体は実はそれほど突拍子もないことではない。実は、ある種のパターンがある次数以上では通用しないという状況は、すでに一次方程式の解法と二次方程式の解法の間に見られる。一次方程式はすべて四則演算だけで解くことができた。たし算、引き算、かけ算、割り算だけを使ってなされるその解法を、ことさらに「有理的解法」と名付けることもできるだろう。しかし一般の二次方程式は四則演算だけでは決して解くことができない（このことは証明を要することだが）。つまり二次以上の方程式は、この「有理的解法」というパターンでは解けないのである。だからこの「有理的解法」を超えた、もう少し広い範囲の操作を許した解法のパターンを考える必要がある。二次から四次までの間は、先に述べた「代数的解法」という範囲で十分であった。しかしこれが五次以上になると、またしてもうまくいかなくなるということなのである。

## 根の置換

十九世紀における急展開、つまり五次やそれ以上の次数の代数方程式は「代数的解法」によっては一般に解くことはできないという発見を準備したのは、十八世紀後半のラグランジュの理論であった。四次までの方程式は、それまでの歴史の中で時間こそかかったが、結局は見事に解かれてきた。しかし五次以上となるとうまくいかない。その根本的な原因は何であろうか。そのような素朴な疑問から、ラグランジュは代数方程式の解法一般について抜本的な考察を開始したのである。そのような疑問を抱いた人は彼の他にもいたであろう。しかし、ラグランジュはこの問題にまったく新しい着想を持って臨んだ。それは彼の〈解法〉の捉え方そのものの中にあったのだ。

ラグランジュは、二次、三次、四次の代数方程式の解法の各ステップの中で特に重要な式を、考えている方程式の根を用いて表すという方法をとった。この〈根を用いて表す〉というところに彼の着想の新しさがある。それまでの代数方程式論は与えられた方程式から、いかにして根にいたるかということのみが議論の中心であった。つ

ジョセフ=ルイ・ラグランジュ
(1736-1813)

まり「方程式から根へ」という方向性のみが問題とされたのである。これはもちろん当然のことで、そもそも解法というのは、与えられた方程式を入力してその根を出力する手順なのであるから、それはまさしく論理的な順序そのものだ。

しかし、〈解法そのもの〉を研究の対象としたラグランジュはこの方向を逆転させ、解法の各ステップ内に現れる重要な式を、根を出発点として書き表した。それによって、それらの解法のパターンを鳥《ちょう》瞰《かん》し、その手順が一体〈何をやっているのか〉を理解しようとした。つまり「根から方程式へ」という方向で考えだしたのである。ここにラグランジュの理論がもたらした代数方程式論におけるコペルニクス的転回がある。

例えば二次方程式の場合、その解法のためには一回だけ平方根をとらなければならないが、その際、平方根をとる量は一般に「判別式」と呼ばれているものだ。この判別式の平方根をとるということが二次方程式の解法の中の最も重要な部分を担っている。ラグランジュの着想にしたがって、この「判別式の平方根」をもともとの二次方

④

**ラグランジュの発見**

89ページ枠囲いの三次方程式

$$y^3 + py + q = 0$$

の根を$\alpha, \beta, \gamma$としよう。このとき、解の公式

$$y = \frac{\lambda + \mu}{3}$$

に現れる$\lambda, \mu$は（適当に$\alpha, \beta, \gamma$の順番を入れ替えて）

$$\lambda = \alpha + \omega\beta + \omega^2\gamma$$

$$\mu = \alpha + \omega^2\beta + \omega\gamma$$

と表せる。ここで$\omega$は1の原始3乗根（$\omega^2 + \omega + 1 = 0$）。$\alpha, \beta, \gamma$の任意の置換（全部で六通りある）で$\lambda$と$\mu$は$\omega$または$\omega^2$倍されたり相互に入れ替わったりする。

程式の根を用いて表してみると、これは実は二つの根の差に他ならないことがわかる。

このことが示唆する内容は、実はとても深いのである。ラグランジュはそこに、代数方程式の背後に隠された秘密の一端を見てとることができた。それはつまり、これらの特別な量は根を用いて表してみると、それらの根の入れ替え、つまり置換による振舞いが特徴的になっているということだ。判別式の平方根を根の差で表すと、そこに見えてくるのは二つの根の入れ替えによって、その符号が替わる、つまり＋《プラス》と－《マイナス》が入れ替わるという特徴的な性質である。

ラグランジュは同様の考察を三次方程式や四次方程式の場合にも徹底的に行っている。その画期的な発見から見出《みいだ》されるのは、これらすべての解法に共通したある特徴だ。

つまり、解法の中で重要となる式は、すべて何らかの形で「根の置換」によって特徴的に振舞うものになっているということである。

このようにしてラグランジュは代数方程式の解法という手順の中で、根の置換が何らかの重要な役割を果たしていることを見抜いた。残念ながらラグランジュ自身はこの問題に関してこれ以上前に進むことはできなかったのであるが、方程式そのものを眺めるだけでは決して気付くことができない、深い構造をかいま見ることができたのである。その後の歴史が物語るように、この着想と発見は極めて本質的なもので、その後の代数方程式論の発展の中で重要な歴史的ターニングポイントとなった。

## 不可能性の証明

ラグランジュによる類いまれな発見を踏まえて、十八世紀の終り頃から、実際に五次方程式が代数的には〈解けない〉ことが証明できる、つまり「不可能性の証明」が可能なのではないかと考える人たちが現れてきた。パオロ・ルフィニ(一七六五―一八二二)はすでに一七九八年に、一般五次方程式が代数的解法では解けないことの証明を出版している。この〈証明〉は当時の人々には理解されず、また議論自体も長くてわかりにくいものであったので、なかなか受け入れられることはなかったが、それでも時の一流の数学者たちの中には、この論文の重要性を率直に認め、高く評価するものも多かったという。歴史的価値という点で言うと、ルフィニのこの論文は少なくとも出版物として世に出たものの中では、前述のラグランジュによる「根の置換」のアイデアを代数的非可解性の証明に用いた、歴史上初めてのものである。そして、実はこの「根の置換に注目する」という考え方が、この問題を考える上でまぎれもなく本質的なことであった。

一八二四年には若きニールス・ヘンリック・アーベル（一八〇二―一八二九）が、同じく一般五次方程式の代数的非可解性についての論文を世に問うた。その論文の冒頭に、

数学者たちはいままで5次方程式の一般的解法に関心を寄せてきた。そして、多くの数学者たちがその不可能性を証明しようとしてきたが（私の知るところでは）まだだれも成功していない。したがって、方程式論における空白を埋めるために書いたこの論文を数学者たちが好意をもって受け取ってくれることを期待している。

（ピーター・ペジック『アーベルの証明』一七六頁）

とあるように、すでに当時、一般五次方程式が代数的には解けないらしいということは十分に浸透していたようだ。この論文の中でアーベルは、歴史上初めてこの問題に

完全な証明を与えることに成功した。そしてこれを含めた一般的な問題、すなわち、任意に与えられた代数方程式がべき根による解法によって解けるのはいつか、という問題を完全に解決したのがガロアなのである。

## ニールス・ヘンリック・アーベル

ところでこのアーベルという人は、いろいろな意味合いからガロアと並び称される数学の天才である。二人ともだいたい同じ時期に活躍していること、代数方程式論や楕円函数論《だえんかんすう》といった当時の主流難問において業績を残していること、その非凡な才能と画期的なアイデアにもかかわらず、それに見合う社会的成功を得られず、むしろ不遇な生涯であったこと、そして二人とも（異なる理由からであるが）若くして死んでいること。これらの多くの共通点があり、そしてそれだけに両者の性格の違いが際立つことが理由となって、この二人はいわば十九世紀西洋数学の二大悲劇役者と目されている。したがって、本書の本題からは若干外れるとはいえ、アーベルの生涯についてここで簡単に言及しておくべきであろうと思われる。

アーベルは一八〇二年八月五日、ノルウェーの寒村フィンネイに貧乏な牧師の息子として生まれた。性格はとても内向的で、貧乏な出自も手伝って処世には失敗の連続。そのためさらに内気に心を閉ざしてしまうというタイプの人であったらしい。アーベルの肖像として伝えられているものを見ると、彼は非常な美青年であったらしいと思われるが、いわば薄幸の美青年といったところだろうか。性格のみならず、体質的にも強靭《きょうじん》とは言えなかった。その生涯の最後の数年間は常に病弱であり、それがまたさらに彼の精神を鬱《うつ》にした。

アーベルが自身の数学の才能を発見したのは、クリスチャニア（現在のオスロ）の聖堂学校でベルント・ミカエル・ホルンボエという有能な数学教師と出会ったことがきっかけである。以来、ホルンボエは自分の学級の生徒が数学の非凡な才能を持っていることを十分に認め、その生徒の方は自身でニュートンやオイラー、ラグランジュなどの著作を独学した。後述のガロアと同様に、この頃、一度は五次方程式の一般的解法を発見したと勘違いするが、すぐに間違いを悟って、実はそれは代数的には解き得ないのではないかというインスピレーションを得たという。

十八歳のとき、アーベル一家の経済的支柱であった父が亡くなり、アーベルが代わって家族を養わなければならなくな

ニールス・ヘンリック・アーベル
(1802-1829)

った。そのため彼は家庭教師などをして日々の糧を得るために奔走する。ホルンボエは、この世紀の大数学者になってもおかしくない若者が、それに相応《ふさわ》しい研究環境を得られないでいることを遺憾として、経済的支援や留学のための資金集めに努力した。そしてアーベルが二十三歳のとき長年の努力が実って、ノルウェー国はその必ずしも豊かとは言えない国庫からなけなしの補助金を支給することを決め、彼は国費留学生としてドイツとフランスに留学できる運びとなる。

アーベルのこの数学武者修行の最初の地は、プロイセンの首都ベルリンであった。当時のプロイセンはアレクサンダー・フォン・フンボルトの首唱により、前述したフランスの教育改革を手本とした新しい教育制度の確立に躍起になっていた。数学や自然科学といった基礎科学の高揚を図ることで、国力の基盤を増強しようとしていたのだ。その意味ではアーベルのベルリン旅行は、まさに絶妙のタイミングであったと言える。なかでも建築家でベルリン・アカデミーの会員であり、行政とも太いパイプを持っていたアウグスト・レオポルド・クレレ（一七八〇—一八五五）の庇護《ひご》を得ることになったのは彼にとって大変幸福なことであった。建築畑で身を立てたクレレはもちろん実学出身の人であるが、純粋数学の重要性を強く訴え、ドイツにおける数学の発展の重要な一翼を担った人物である。彼は『純粋および応用数学雑誌（Journal für die reine und angewandte Mathematik)』という、現在でも『クレレ誌』の俗称で有名な数学雑誌をまさに発刊しようとしているときであり、アーベルはその最初の数巻において数々の論文を発表する好機を得た。クレレという有力な庇護者を得たことにより、アーベルの数学の才能は一気に開花し、その創造性の自由な翼を遺憾なく広げたのである。

しかし、ベルリンの次に訪れたパリにおいては、アーベルはこれほどの成功を収めることはできなかった。確かにパリの数学者たちと交流することによって、当時のフランス数学の動向を知り、新たな刺激を得ることはできた。そしてここでもアーベルは天才らしく、これらパリの数学者たちをあっという間に乗り越え、新しい境地の開拓に乗り出していた。例えば彼の「一般代数函数」に関する研究は、当時のルジャンドルらによる楕円積分の理論をはるかに凌駕《りょうが》した、新たな時代の到来を告げる画期的なものであった。しかしアーベルはパリの数学者たちから多くを学ぶことができても、彼らはアーベルから何も学ぼうとはしなかった。そしてここにアーベルの不遇の元凶がある。当時のフランス人数学者たちのスノビズムを原因とする人もいる。そのような側面もあったであろうが、アーベルの極度に内向的な性格もその原因の一つ、それも重要な一つであったであろう。いずれにしても、ベルリンでクレレから受けたような高い評価を、アーベルはパリでは受けることができなかった。

それは彼の一般代数函数に関する画期的な論文『ある非常に広い超越函数の一つの

一般的性質について（Mémoire sur une propriété générale d'une classe trés étendue de functions transcendentes)』に対するフランス科学アカデミーの不当な扱いにも端的に表れている。アーベルがアカデミーに提出したこの論文の査読者はオギュスタン＝ルイ・コーシー（一七八九―一八五七）であったが、どうやらコーシーはその論文をまともに取り扱わなかったらしい。コーシーは大変多産な人で、多くのアイデアが次々出てくるタイプの〈怪物的〉数学者であるが、そのアイデアと仕事の洪水の中でアーベルの重要な論文も他の仕事の書類の山に埋没してしまった。数年後には一八三〇年の政治的争乱でコーシーはアカデミーを追放され、アーベルの論文も一時行方不明となる。その後ノルウェー政府からの正式な抗議をきっかけに発掘され、アーベルの死後十年以上も経った一八四一年になって、ようやく出版にこぎ着けたが、その際どういうわけかオリジナルの論文はまたもや紛失したということである。

留学を終えてノルウェーに帰ったアーベルを待ち受けていたのは、絶望的な貧困と結核の病魔であった。ホルンボエをはじめとした彼の理解者たち、のみならずベルリンのクレレにいたるまで、何とかしてアーベルに相応しい研究教育職のポストを与えようと必死の努力をする。その努力はついに実を結び、クレレはアーベルのためにベルリン大学の数学教授の椅子を確保することに成功した。しかし、もう少しのところでアーベルの病気の進行の方が早かったのである。クレレからの喜びに満ちた手紙がアーベルのもとに届いたのは、アーベルが結核のために亡くなった一八二九年四月六日の、ほんの二日後のことであった。

# 第四章　デビューと挫折

## 1 〈数学者ガロア〉デビュー

### 間違い

一八二八年、ガロアは十六歳になっていた。相変わらず数学、それも学課としての数学ではなく、彼自身が自分に課した〈自分の数学〉に熱中し、その他のことには目もくれなかった。傲慢《ごうまん》で奔放な態度はさらに進み、教師たち――彼にとっては無能な人々――に対する軽蔑《けいべつ》もエスカレートしていく。その年、修辞学級の第二学期を終えるにあたって、担任の教師は次のような所見を記している。

彼は数学の狂気にとり憑《つ》かれてしまっている。したがって私の意見では彼がその全エネルギーを数学に注ぎ込むよう、彼の両親を説得するのがよいと思う。彼はこの学校で時間を浪費している。彼のすることといったら、教師たちをいらつかせ、絶えず処罰しなければならないよう仕向けるばかりである。

数学教師のヴェルニエはただ手をこまねいて見ているばかりであった。この善良だがいささか有能さに欠ける数学教師は、ガロアが優秀な学生であることに気付いてはいても、まったく非凡な才能の持ち主、つまりは天才であることを認識していなかった。ガロアが誰の助けも借りず一人で我が道を行こうとしているのを、ヴェルニエはハラハラしながら見ているだけだったのである。しばしば彼はガロアに順序よく筋道立った勉強を勧めた。自分の興味のあることばかりやっていたのでは知識は偏り基礎力は養われないし、視野も狭くなってしまう。しかし、ガロアはそんな〈親切な〉アドバイスには一切応じなかった。その頃、彼はある難問に取り組んでいたのである。その難問こそ、前章で述べた「五次方程式の解法」であった。

大変興味深いことなのであるが、前述のアーベルの場合と同様に、この時期ガロアも五次方程式の解の公式を発見したと思い込んだらしい。後にガロアの親友となり、ガロアの遺書を受け取ることになるオーギュスト・シュヴァリエは、そう伝えている。もちろん、ほどなくして彼は自分の推論に間違いがあることに気付いたという。このことはガロアをたいそうがっかりさせたには違いないが、それによってさらに熱狂的にこの問題にとり憑かれるようになったことだろう。

間違いは数学の研究にはつきものだ。そして、それは研究において大切なステップの一つである。間違うことによって問題の本質が、問題の本当の難しさや困難なポイントが初めて理解できるようになるからだ。ガロアにせよアーベルにせよ、一度は間違うことによって問題をより深く考察することができるようになったであろう。今まで以上に問題の本質をしっかりとつかみとったガロアは、ますます深くこの問題にのめり込んでいったに違いない。

## 最初のエコール・ポリテクニーク受験

自分の好きな数学ばかりに没頭して、誰の言うことも聞かなくなっていたこと。その報いは必ずやってくる。それは彼のエコール・ポリテクニーク受験に際して訪れた。エコール・ポリテクニークは、当時すでにエリート学生と一流の研究者が集う、世界でも屈指の研究・教育機関となっていた。すでに重要な数学の研究活動に踏み出しているガロアにとっては、無能（とガロアには思われた）な教師ばかりのリセとは比較にならない重要な場所のように思えた。のみならず、そこに集まる人々はリセの校長のようなケチくさい人たちではなく、革命の偉大な思想を受け継いだ真に尊敬できる人たちに思われたのである。このようにガロアが考えたのも無理はない。前述の通りエコール・ポリテクニークにはナポレオンの影響がなおも強く残っていた。そこは自由主義者やボナパルティストたちの牙城《がじょう》と見なされていたのである。専制的な校長を戴《いただ》く陰鬱《いんうつ》で前近代的な場所としかガロアには映っていなかったリセと比べて、それはどれほど違って見えたことか。一刻も早くリセを飛び出してエコール・ポリテクニークに入学したい。そこでは自分の数学を理解してくれる人たち、自分とまともに議論できる人たちも見つかるに違いないし、自由な言論の欲求も満たされるだろう。ガロアはこのように考えた。

幸いエコール・ポリテクニーク入学のためには大学入学資格「バカロレア」は必要ない。たとえリセでは落第続きであっても、入学試験にさえ通れば憧《あこが》れのエコール・ポリテクニークの学生になれるのである。この未熟で無鉄砲な考えが、ガロアを早計にエコール・ポリテクニーク受験へと走らせた。この年一八二八年八月に、ガロアはいささか無謀にも通常より一年早く、両親にすら相談せずにエコール・ポリテクニークを受験してしまう。結果は不合格であった。

この結果に、ガロアはもちろん不満だっただろう。「試験は公正さに欠けるものだったに違いない」とガロアは考えたと伝えられている。リセの学友たちもガロアの才能は普通でないと思っていたから、この結果には驚いた。彼の攻撃的な性格を考えれば、この結果を不当だと思ったことは容易に想像がつく。しかし本当のところはどうだったのだろうか。

当時のエコール・ポリテクニーク入学試験は、おおむね面接試験のみによるものであった。一時間の面接試験を行い、その様子を見て試験官が合否を判定するというものである。したがって合否はその試験官の判断に、ほとんど完全に委《ゆだ》ねられていたことになる。試験の手順が慣例化していたことや試験官の地位が終身であったこともあり、すでにその頃の入学試験には一種の惰性が見られていた（Ehrhardt, p.11）。面接で訊《き》かれる内容は毎回ほぼ決まっており、受験者はマニュアル化された質問に期待通りの返答をする。試験はある程度形式化されていたのである。そんな中でルジャンドルやラグランジュの理論のような高度な数学が出題されるわけはない。正規の学課を順序よくこなしてこなかったガロアが、このようなマニュアル化された試験に落ちてしまうのも、当然と言えば当然なのである。ガロアはこれをして不当だと思ったわけだが、ガロア自身の準備不足は否めない。もちろん半ば形骸《けいがい》化してしまった試験制度にも問題はあるが、不当とまでは言い切れないであろう。

その上、ガロアはまだ「準備数学」しか受講していなかった。受験に必要な「特別数学」をまだ彼は受講していなかったのである。いくら天才と言っても魔法使いではない。一八二八年における彼のエコール・ポリテクニーク受験の試みは、かなり無謀なものであったと言われても仕方がないであろう。

## リシャール先生

試験に失敗してしまった以上、ガロアはしぶしぶリセに戻らなければならなかった。また次年度の再受験を目指して、もう一年リセでの生活に我慢しなければならない。しかしリセでガロアを待ち受けていたのは、ガロアにとって悪いことばかりではなかった。

この年の秋にガロアは哲学学級に進級し「特別数学」を受講する。ここで彼は「特別数学」担当の教師、リシャール先生と出会う。この有能な教師と出会ったことは、ガロアの短く薄幸の数学人生の中でも、多分唯一の――あふれ出る数学のアイデアがもたらすこの上ない興奮と喜びを除いて――幸福だったであろうと伝えられている。最も重要なことは、このリシャールという教師は、ガロアが類《たぐ》いまれな才能の持ち主であることを正当に理解したことである。ここでガロアはその生涯で初めて、自分の才能を理解し、至当な評価を与えてくれる人に出会ったのだ。ガロアが十七歳になろうとしているときであった。

ルイ＝ポール＝エミール・リシャール（一七九五―一八四九）は、実は平凡な数学教師ではなかった。後年、彼の一八四九年三月十一日の死を悼んで、その年の『新数学年報（Nouvelles annales de mathématiques)』には編集者のオルリー・タルケム（一七八二―一八六二）による追悼文が収録されている。

教師の名声はその著作によってか、さもなければその生徒たちによって確立する。著作が著書目録を富ますことしばしばであり、時おり著者自身を富ませることもあるが、学問を豊かにすることはまれである。リシャールは同僚たちの強い懇願にも抗して何ものも出版することを欲しなかった。世間の注目を集めることからは身を引き隠者のように生きた。賞讃《しょうさん》の喧噪《けんそう》が日常をかき乱し孤高の静けさが妨げられるのを恐れたのだ。彼ほどにその美徳を、その学識を、そしてその教師としての才能を高く、そして長きにわたって保ち続けた人物は他にいないであろう。彼の教室の椅子には優れた生徒たちが腰掛けていた。なぜなら彼自身が優れた教師であったからであり、生徒の将来を見抜き、それぞれの精神に相応《ふさわ》しい方向性と文化を吹き込むことができたからである。

(Terquem, 1849)

リシャールは一七九五年、ブルターニュ半島の付け根に位置する古都レンヌに生まれた。父親は共和国時代と帝国時代の砲兵隊中佐であり、軍人として目覚ましい働きをした。リシャール自身も当初は軍人を目指していたが、幼少の頃に負った怪我《けが》がもとでその道を断念、一転して教師の道を選んだ。ドゥエのリセ、ポンティヴィーの王立コレージュの数学教師を歴任後、一八二〇年にパリのサン・ルイ・コレージュ、その後ルイ・ル・グランに招聘《しょうへい》される。教育者として並々ならぬ熱意と優れた才能を持ち、同時に当時最新の数学研究の動向にも注意を怠らなかった。彼は数学が好きだったし、数学を教えることが好きだった。暇を見つけてはソルボンヌ大学のミシェル・シャール（一七九三―一八八〇）の講義を聴講した。多くの著名な科学者・数学者がリシャールの薫陶を受けている。一八三七年にはその教育者としての業績を讃《たた》えられ政府からメダルを受けた。

それまで孤独な数学少年だったガロアは、この有能で自分を正当に理解し評価してくれる教師には心を開いたようだ。同時にリシャールもガロアを大きな可能性を秘めた、まったく非凡な若者と見ていた。第一学期の終りの彼の所見には、

この生徒は他のどの生徒より、はるかにずば抜けている。

と書かれている。ガロアはリシャールが出す課題だけは、いつもきちんとやってきた。そこには彼独特の新しい方法やアイデアが含まれていることもしばしばで、そのたびにリシャールはますますガロアを励ました。多少の脚色もあるかもしれないが、少なくとも言い伝えによる限り、そこにはまったく理想的な師弟関係が存在していたと言えるだろう。

## 最初の成果

ガロアはリシャール先生とはいつまでも飽きずに数学の議論をした。内容は当代きっての一流数学者たち、ルジャンドルやガウス、ラグランジュ、コーシーといった

人々の仕事の話である。今や彼は孤独な数学少年ではない。リシャールに目を見開かされたガロアは、この頃、数学研究上の大きな一歩を踏み出していたのだ。

その一つはリシャール先生の励ましのもとに書いた、彼の生涯で最初の論文『循環連分数についてのある定理の証明(Démonstration d'un théorème sur les fractions continues)』の発表である。これは一八二九年三月刊の『純粋および応用数学年報(Annales de mathématiques pures et appliquées)』、その創刊者の名前をとって『ジュルゴンヌ年報』と通称される専門雑誌に掲載された。

リセの一学生による論文が専門の研究論文雑誌に掲載されるということは、もちろん当時としても大変なことであったと思われる。ジョセフ゠ディアズ・ジュルゴンヌ(一七七一―一八五九)が一八一〇年に創刊した『ジュルゴンヌ年報』は、エコール・ポリテクニークの発展と歩調を合わせるように、当時の数学研究の最新の成果を報告する雑誌、特にその正式な名称にもかかわらず〈純粋〉数学の報告集として、多くの研究者たちに重要視されてきた。

この論文は後のガロアによる巨星的な業績の陰に隠れて、注目されることが少ない。そのような事情もあるからだろうか、この論文が当時の数学界にどのくらいのインパクトを与えたのかについては何も伝わっていない。むしろ何もなかったような印象を与えている。例えばベルはこう書く。

……この論文には彼の偉大な業績を伝えるものは何もないが、級友たちに、ガロアが単なる学者ではなくて独創的な数学者であることを知らせるのに役立った。

（『数学をつくった人びと』下、六八頁）

それでもこの論文は〈数学者ガロア〉のデビュー作であった。それは当時一流の専門雑誌に掲載されたのだ。その雑誌は当時のアクティブな研究者なら誰でも目を通していたに違いないものである。そのような状況で「ルイ・ル・グラン学生」と署名のあるこの短い論文が、誰の目にもとまらなかったとはちょっと考えにくい。リセの学生「ガロア」の名前が、当時の数学界の主要メンバーの記憶の片隅にでもとどまったであろうことは十分考えられる。

## 決定的な結果

しかし、この時期——彼の数学人生の中でもつかの間の幸福な時期であったと思われる一八二九年初頭——のガロアの数学は、その最初の論文よりも、その論文の下馬評よりも、はるかに重要なステップを踏み出そうとしていた。彼は「代数方程式のべき根による可解性」の問題解決への重要なステップを踏み出しつつあったのだ。

ガロアがこの頃取り組んでいたと思われる問題は次のようなものである。先にも述べたように、代数方程式の解法を見出《みいだ》すことは十七世紀に西洋数学が本格的に始動する以前から基本的な問題であった。アーベルは五次方程式が一般的にはべき根を用いては解けないこと、つまり「代数的解法」が存在しないことを証明していた。この頃のガロアはアーベルの仕事を知らなかったと考えられる。一度はアーベルと同様の間違い――五次方程式の一般解法を発見したという勘違い――を犯したガロアは、アーベルとは独立にその不可能性に気付いたのだろう。そしてアーベルと同様に、ガロアが自らに課した目標は、

・与えられた任意次数の代数方程式が代数的に解けるための必要十分条件を見つける

ということにあった。例えば一般の五次方程式が代数的には可解でないこと――ガロアは知らなかったが、すでにアーベルによって定理になっていた事実――は、この目標が達成されれば、その簡単な帰結として得られるに違いない。実際、この目標は代数的解法の不可能性よりもさらに精密なことを目指しているのである。例えば五次の代数方程式にも特別なものの中には、明らかにべき根で解けるものがある。アーベルの結果は、あくまでも〈一般的な〉五次方程式がべき根では解けないということを述

べたものであるから、任意に与えられた個々の方程式について、それがべき根で解けるかどうかを判定することはできない。ガロアの目標はこの「判定条件」を明らかにしようという極めて意欲的なものなのである。

そして多分一八二九年春までに、ガロアはこの問題について決定的な結果を得ていたものと推定される。というのも、この頃までに彼は二つの論文『代数学研究（Recherches algébriques)』と『素数次数の代数方程式についての研究（Recherches sur les équations algébriques de degré premier)』を仕上げており、後者の論文には彼の着想の決定的な部分が、すでに含まれていたと考えられるからだ。

## アカデミーに提出

リシャールは彼の生徒が当時の代数学における最も重要な問題の一つに対して見事な解答を与えたこと、のみならず、その解答が代数学の新しい地平を切り開く重要なものであることを確信した。これは多分間違いないと思われる。史実としては、彼が内気な性格を圧してこの論文をアカデミーに提出するために尋常ならざる努力をしたことがその一つの根拠であるが、なによりも彼は日頃からガロアと接し、ガロアと数学の議論を行ってきていた。多分、ガロアが取り組んでいる「代数的可解性の判定条件」の問題についても、毎日のように活発に議論をしていただろう。口頭でフォローアップできる状況ならば、論文を読むよりも理解は早いし深まりやすい。確かにガロアの論文は、後述する様々な理由から、当時の人々にはなかなか理解されにくいものだった。それだけ難しかったとも言えるが、リシャールが置かれていたような有利な立場にあれば、彼ほどの数学の素養のある人がガロアの推論を理解し、その価値を正しく認識できたであろうことは十分にあり得る。

リシャールはこれらの論文をアカデミーに提出するべきだと考えた。多分その理由は、これらの論文の内容が重要であるだけでなく、かなり〈難しい〉ので、アカデミー会員でなければ正当に評価できないだろうと考えたからだと思われる。

当時アカデミーに論文を提出するには、主に二通りの方法があった。一つはアカデミーの幹事に送付する方法で、これが通常のやり方であった。もう一つはアカデミーの中で専門分野が近いと思《おぼ》しき会員に手渡しするという方法である。後者の場合、手渡された会員は、内容の詳細はともかくとしても、論文が十分に重要なものでありオリジナルなものであることを判断した上でアカデミーに通告することになっている。

リシャールはアカデミー会員の中でも最も厳しい査読者だろうと思われたコーシーにガロアの論文を手渡しするという方法をとった。内気な性格の彼である。アカデミーの中でも一番の難物と目されていたコーシーに自分の学生の書いたものを渡そうとするときには、よほどの勇気が必要だったに違いない。

実際コーシーはなかなか難しい人物であったらしい。アーベルが一八二六年十月パリに着いた直後にホルンボエに宛てた手紙には、次のようにコーシーの印象が綴《つづ》られている。

……コーシーは気違いのようで、当時いかになされなければならないかを知っていた数学者とはいえ、彼と一緒にすることは何もありません。……コーシーは熱烈なカトリックで偏屈者です。数学者としては奇妙なことです……

（ボタチーニ『解析学の歴史』九五―九六頁）

## コーシーの反応

代数方程式の可解性に関するこの画期的な論文は、その後どのような経緯をたどったのであろうか。確実なところを言えば、この論文は確かにこのままの形では、リシャールが期待したような名声を博することはできなかった。論文そのものも、結局は散逸してしまっている。論文を最初に受け取ったのは確かにコーシーだったのであるから、彼が当初この論文にどのような反応を示したかが、とりあえずは注目すべき点だ。

コーシーは当時三十九歳、そのキャリアの絶頂期にあった。名誉あるフランス科学

オギュスタン=ルイ・コーシー
（1789-1857）

アカデミーの会員であり、エコール・ポリテクニークの解析学教授であり、パリ大学理学部とコレージュ・ド・フランスでも教鞭《きょうべん》をとっていた。純粋数学と応用数学の両面で、まさに当時のフランス数学界の支配者的存在である。のみならず、王党派で熱烈なカトリック信者である彼には、当時の政治状況も味方していた。言うなれば、当時のフランス数学界においては押しも押されもせぬ超大物だったのである。その彼がリセの一学生が書いたという論文を、一体どのように扱ったのだろうか。

デュピュイとベルはコーシーがこの論文を忘却したか、もしくは紛失したと論じている。またインフェルトにいたっては「コーシー氏は、その原稿を紙屑籠《かみくずかご》の中へ投げこんでしまった」（インフェルト『ガロアの生涯』九六頁）とまで書いている。いずれの伝記作家もこの重要な論文をコーシーが完全に無視するというストーリーを組むことによって、コーシーに悪魔的配役を押し付けているのである。実際、前述のアーベルの論文にまつわる顛末《てんまつ》もあるから、コーシーがこのようなことをするのはいかにもありそうだと考えられたのだろう。

しかし、後年の研究によって、実はコーシーはこの論文をかなりしっかりと読み、かなり高い評価を与えていたらしいということが明らかになっている。

コーシーは自分の仕事にばかり没頭して、他人の数学にはほとんどまったく興味を持たなかった。アカデミーでも一八一六年に会員になって以来、ほとんど自分の仕事についてしか報告しなかったという。その彼がこの年、一八二九年の五月二十五日と六月一日の会合ではガロアの論文を議題に挙げたということだ。他の会員はもちろん、彼のこのまったく例外的な扱いに目をみはったに違いない。この例外的扱いを差し引いても、ガロアの論文にアカデミーで言及したということは、彼がガロアの論文の重要性を認識し、そのオリジナリティの高さに責任を持ったということを表している。

それだけではない。コーシーは翌年一月十八日の会合でガロアの論文の内容について報告を行うと約束していた。その証拠に、この日コーシーが体調を理由にアカデミーの会合を欠席する旨通知した手紙には、ガロアの仕事の報告について明瞭《めいりょう》に記されている。

パリ、一八三〇年一月十八日（月）

アカデミー総裁殿

本日のアカデミー会合において次の報告をする旨お知らせしておりました。一、ガロア少年の仕事についての報告、二、原始根の解析的決定法についての覚え書き、その決定法を正の整数根のみを持つ数値的方程式の解法に還元すること。しかしながら、体調がすぐれないため今日の会議への出席は不可能かと思われます。右に示した案件については次回の会議で報告する所存ですので、しかるべく私の名前を登録しておいて下さいますようお願い申し上げます。

私が誇りとしているところの格別なるご高配を賜りますよう。

貴殿の謙虚で忠実な僕《しもべ》

A＝L・コーシー（アカデミー会員）

## コーシーの判断

このあたりの事情については、タトン（Taton, 1971）が大変詳細に検討している。今挙げた手紙にもあるように、コーシーは一月十八日の会合に欠席したため、ガロアの仕事の報告は行われなかった。次の会合は一週間後の一月二十五日に行われ、ここでコーシーは手紙の中に述べられた報告事項の二つ目「原始根の解析的決定法」についての報告をしたことはわかっているが、ガロアの仕事についての報告がなされたという形跡はない。この一見不自然な点についてタトンは、おそらく次のような事情があったのだろうと述べている。

実はこの翌月ガロアはアカデミー主催の数学論文大賞に、今問題にしている論文とほぼ同じ内容と思しき論文を応募している。どうやらコーシーがガロアに応募を勧めたらしい。もしそうだとすれば、最初の論文についてコーシーがアカデミーで報告してしまうと、手続き上これと同じ内容の論文をアカデミー大賞には応募できなくなってしまう。コーシーはガロアの論文がアカデミー大賞に値するものだと思っていたから、この手続き上の不都合を避けるために、あえてガロアの仕事を報告しなかった可能性があるというのだ。

さらにもう一つ、アーベルの仕事との関連がある。前述の通りアーベルもガロアとほぼ同じ時期に、代数方程式の代数的可解性の問題に取り組んでいた。この問題についてのアーベルの論文『代数的に可解なある特殊なクラスの方程式について（Mémoire sur une classe particuliére d'équations résolubles algébriquement）』がクレレ誌に発表されたのは一八二九年三月のことである。このことから特に、最初のアカデミー論文を書いたときにはガロアはアーベルというライバルの存在をまったく知らなかったと判断できるわけだが、一八三〇年のコーシーはもちろんアーベルの仕事も知っていた。部分的にしろ似通った内容があるアーベルの論文の存在を、コーシーは深刻に受けとめたに違いない。

実はアーベルの論文とガロアの論文では、その手法や視点に大きな違いがある。そして後年「(代数方程式の)ガロア理論」と呼ばれ、近代数学の歴史を塗り替えることになる壮大な理論の萌芽《ほうが》は、まさにガロアの論文の中にあった。つまり、この問題に関してみる限り、ガロアの論文の内容の方がその将来性やインパクトという点でアーベルの論文をはるかに凌駕《りょうが》していたのである。そしてコーシーは多分この点を理解していたものと推察される。

つまり、コーシーはガロアにアーベルの仕事について注意を喚起した上で、アーベルの論文にはないガロア独自のアイデアを強調するべく論文の書き直しを勧めたものと推定されるのだ。その上でガロアの論文がアカデミー大賞の選考対象となり得るように、最初の論文についての経緯をすべて白紙に戻すことにしようとガロアを説得したのではないだろうか、とタトンは述べている。コーシーがガロアの仕事をアカデミーで報告しなかったことに対してガロアが何らの不平を口にしていた形跡がないことが、その一つの根拠であるという。

推定の域を出ないにしても、少なくともコーシーがガロアの論文をしっかり読み、その内容を十分理解し、しかもその上でガロアにアカデミー大賞への応募を促したのはほぼ確実だと思われる。例えば一八三一年六月十五日付のサン=シモン派新聞『グローブ(Le Globe)』には匿名子による次のような寄稿がある。

……この論文は数学大賞に冠せられるべきものであった。ラグランジュもなし得なかった困難を克服したものであるから、それだけの価値がある。コーシー氏はその著者にこの上ない賛辞を贈った――でもその結末たるや。論文は散佚《さんいつ》し、大賞は選考外の若い研究者に贈られたのだ！

この寄稿にもあるように、結局ガロアの論文にはアカデミー大賞は授与されなかった。そのあたりの事情については後で詳しく述べるが、実はこのアカデミー大賞応募論文も結局は散佚してしまうことになるのである。さらにその後、コーシーとガロアの関係も一八三〇年の七月革命で途絶えてしまう。王党派であったコーシーが革命を機に失脚し、しばらく亡命してしまうからだ。

もし、よく指摘されるように亡命後のコーシーが一見してガロアの論文に対する興味を失ってしまったように見えるとしても、それは筆者の推定では、コーシーがガロアのその論文を――数学のパラダイムを一新するほどの深みを嗅《か》ぎとることまではできなかったにせよ――完全に理解してしまったからなのではないか、と思われる。いくらいい論文でも、常に自分の研究のことで頭をいっぱいにしている研究者にとっては、一度理解してしまえば時間とともにその感動は薄れていくものだ。のみならず、当時コーシーはこれとはまったく異なる分野、主に数理物理関係の数学に没頭していたのだ。

その上タトンは、これよりずっと後の一八四三年にリューヴィルがガロアの理論を発掘してアカデミーで発表したとき、それまでに置換群の構造に関して多くの仕事をしてきたコーシーが自らのクレジットを主張しなかったことを、驚きをもって挙げている（Taton, 1983, p.111）。コーシーは自分の先駆者が当時リセの学生でしかなかったその少年に他ならないことを、実はよくわきまえていた可能性が高いのである。

いずれにしても、コーシーはガロアの論文をかなりしっかり読んで、その推論を正しく理解し、しかもその価値を認めていたことはほぼ間違いないことだと思われる。さらに想像をたくましくすれば、その論文の著者「ガロア」の名前は、普段は他人の仕事にまったく興味を示さないこの怪物的数学者が、突然禁を破ってアカデミーで紹介したという一事だけからでも、アカデミーのメンバーの目を強く惹《ひ》いたであろう。「どうやらルイ・ル・グランには天才少年がいるらしい」と感嘆した者も少なくなかったに違いない。〈天才少年〉ガロアのデビューは、当時の専門家たちから不当にも完全に無視されたものでは決してなかったのである。

# 2　二つの不幸

## 父の死

リシャール先生との出会いは、それまで孤独だった不良少年の心を開き、その数学を急速に実り多きものにした。一八二九年の前半は彼の短い数学人生の中でおそらく最も幸福な時期であった。そしてこの時期に、後に数学の歴史を塗り替えるような巨星的な業績、現在「(代数方程式の)ガロア理論」と呼ばれているものの骨子が、少なくともガロアの頭の中には完成されていたものと推定される。

しかし、このつかの間の幸福も突如として終りを告げる。それは一八二九年七月初めのことであった。七月二日にガロアの父、ブール・ラ・レーヌ村民からの尊敬を集めていた村長ニコラ＝ガブリエル・ガロアがパリで自殺したのである。

自殺の経緯はおおむね以下の通りであった。ニコラ＝ガブリエルは、おそらく復古王政期の当時としては珍しい自由派の村長として、極めて難しい立場にあったことは前にも述べた。ナポレオン百日天下のときに村長となり、その直後の政治的混乱の中で正式な再信任を得るタイミングを逸していた。そのため村の教会関係者をはじめとした保守派の人々から絶え間ない陰謀にさらされることになってしまう。時代がシャルル十世による第二復古王政期に進むと、ブール・ラ・レーヌでも保守派の反動はますます過激になっていったであろう。真面目で村民の期待を一身に背負う彼の懊悩《おうのう》も日々深まっていったに違いない。

多分、これほど困難な中にあって、十五年間もの長きにわたって村長職を辞めなかったという事実にこそ、かえって彼の性格の一つの特徴が現れているようにも思われる。もちろんこれは推測に過ぎないが、彼は村長に推挙されたときの初志を、それ以後もずっと捨て去ったり、あるいは忘れたりすることができなかったのではないだろうか。一種の執着気質だったのかもしれない。彼の性格について伝えられている社交性、真面目さ、正義感、そして啓蒙《けいもう》思想やボナパルティズムへの並々ならぬ熱意などの美点は、この際、彼の身を削るものでしかなかっただろう。いずれにしても、このような性格であった以上、保守派からの執拗《しつよう》な攻撃を長年にわたって受けることで、彼は次第に深い鬱状態に落ち込んでいったと考えられる。

この年の初め、ブール・ラ・レーヌに一人の若い司祭が着任した。彼はじきに土地のユルトラたちと結託し、ニコラ＝ガブリエルを村から追い出すための陰謀を画策し始める。前述の通りニコラ＝ガブリエルは詩作を嗜《たしな》み、自作の詩を自ら吟唱する趣味を持っていた。彼らはその村長の文体を真似た卑猥《ひわい》な詩を作り、彼が作ったものとしてこれを村に流行《はや》らせた。このことがニコラ＝ガブリエルのみならず、ガロア一家をいたく傷つけることになったのは言うまでもない。このことが彼の鬱状態を決定的にしたであろうことは十分考えられる。

自殺するちょっと前からニコラ＝ガブリエルはブール・ラ・レーヌを離れ、パリにアパートを借りて一人暮らしをしていた。ガロアが学んでいたリセにほど近いジャン・ド・ボーヴェ街のそのアパートで、彼はついに自殺してしまったのである。

## 葬列

葬儀はガロアの通っていたリセ、そして父ガロアが自殺したアパートからもほど近い、サント・ジュヌヴィエーヴの丘の頂、パンテオンの裏手にあるサンテティエンヌ＝デュ＝モン教会で行われた。長男であるガロアが喪主を務めた。教会の司祭は――カトリックの教義では自殺は罪深いものとされていたが――遺体の埋葬を許可した。ガロアは父親の棺《ひつぎ》を載せた霊柩車《れいきゅうしゃ》の後についてサンテティエンヌ＝デュ＝モン教会からブール・ラ・レーヌ村の共同墓地までの十キロ以上の道のりを歩いていった。ブール・ラ・レーヌ村に近付きバニョ近辺の敷石で舗装された道まで来ると、今度は村民たちが棺を担いで進んだ。

ブール・ラ・レーヌの教会の前では、件《くだん》の教区司祭が葬列を迎えるために待っていた。そして、ここでちょっとした騒ぎが起こった。棺を担いでいた村民たちは、彼らの村長が自殺したわけを知っていた。彼らの尊敬する村長を自殺に追い込んだのは、まさにこの司祭が企てた陰謀だったことをよく知っていたのだ。感情的になった村民たちは口々に司祭に悪態をつき始めた。騒ぎはエスカレートし、村長の棺を挟んで司祭と対峙《たいじ》した村民たちは司祭に石を投げつけ、司祭は頭を負傷したという。

以上は実際にガロアの家族から取材した情報に基づいて、デュピュイが伝えていることである(Dupuy, p.212)。政治的な熱狂が爆発している、その騒ぎの中心には痛ましい父親の棺が置かれていた。この光景がガロアの心に深い傷跡を残したとデュピュイは述べている。陰険な不公正のために父親は死んだのだと固く信じたガロアは、世の不公正をますます憎悪するようになった。父の死と埋葬は、すべての不正なものとすべての卑劣なものへの彼の憎しみをますます激しいものとし、同時に彼は世の中のいたるところに不正で卑劣なものを見るようになったのである。

## エコール・ポリテクニーク再受験

父親の死にうちひしがれていたガロアにとってはまことにタイミングの悪いことであったが、葬儀の数日後には二度目のエコール・ポリテクニーク受験が控えていた。エコール・ポリテクニークの入学試験は、一人二回までしか受験できないことになっている。すでに前年一回目の受験に失敗しているガロアには、今回の受験が最後のチャンスということになる。そして不幸にも、ガロアはこの最後の機会においても受験に失敗してしまうのである。

二回目の受験においても不合格となってしまったということが、ガロアの才能を知る周囲の人々を驚愕《きょうがく》させた。この二度目の受験で一体何が起こったのか？　この話題は当然ながら、後世の伝記作家や歴史家たちの議論のまとになってきた。デュピュイは未確認の言い伝えとして、面接試験中に試験官の無能ぶりに腹を立てたガロアが試験官に黒板消しを投げつけたと述べており（Dupuy, p.211）、またベルはこれを事実として伝えている。ガロアの攻撃的な性格を考えればいかにもありそうなことだと考えられたであろうし、若いガロアを誰からも正当に理解されない〈孤独の天才〉として描こうとする上では格好の脚色と考えられたであろう。しかし後年ベルトランはこの伝承をはっきりと否定している（Bertrand, 1902）。

この入試事件の二十年後には、先に引用したリシャールの追悼文の終りにタルケムが、

……優れた知能を持った受験者が、それより劣った知能の試験官によって落とされたのである。〈我此処にては異邦人なり、彼等我を理解せねば。（Hic ego barbarus sum quia non intelligor illis.）〉

と書いているが、このことからもわかるようにこの事件はフランス教育史上でも稀有《けう》の大スキャンダルとされた。後世の人々の論調はほぼ一致して、入試に立ち会った試験官たちの責任を糾弾するというものになっている。

一回目の受験失敗のときですら、何らかの不正があったに違いないと思ったガロアである。二回目の受験、そして最後のチャンスでも不合格とされたことはガロア本人にとって到底納得のいかないものであっただろう。そして後世の伝記作家たちの論調も——不正があったとまで明言はしないにしても——何らかの間違い、それもガロアの方ではなくて試験をする側に一方的な責任のある間違いがあったという点でほぼ一致している。

### その経緯

ベルトランによれば、このときの試験官はシャルル・ディネという人であった。ディネは二十年来の数学教師として学生たちにも尊敬され、コーシーをはじめとした当時の指導的数学者たちの知遇をも得ていた。真面目で丁寧な人で、試験官として公正さに欠けるとは思われていなかったようである。ただ、彼の出題する問題はほとんどの場合、とても簡単なものばかりであったということだ。数字を黒板に書いて受験者が正しく読めるかどうか検査するというようなものもあったという。彼の方針は、あえて簡単な問題を出すことで受験者の学識に対する自信や毅然《きぜん》とした態度を判定しようというものだった。このような試験官にあたってしまったことは、ガロアにとってはこの上ない不幸であった。

ディネはガロアに「算術的対数の理論」について質問した。この〈算術的(arithmétique)〉という形容詞にガロアは不意を打たれた。「算術的対数」なんか存在しないとガロアは思ったのだ。「なぜ単に『対数の理論』と言わないのだろう?」ガロアがこう述べたかどうかはわからないが、そう考えたであろうことは十分想像がつく。ただ、最初のやりとりの中で、ディネは早々とガロアの態度に高慢で侮蔑《ぶべつ》に満ちたものを感じたらしい。

ベルトランはこのときのディネとガロアのやりとりについて、もう少し具体的に踏み込んだことを書いているが、これもあまり明瞭ではない。インフェルトはベルトランのこの報告を基にストーリーを創作している(『ガロアの生涯』一二〇―一二四頁)。多分ガロアはこのとき黒板に簡単な等比数列を書き、それに対応する形で何らかの等差数列を書いたものと推定される。そしてその等差数列の各項の間を等分して新たな等差数列を作るときに両者の間でちょっとした理解の食い違いが生じたということらしい。そのときのガロアの返答があまりにも素っ気ないものであったため、ディネは次第に苛立《いらだ》つと同時にガロアに対してわざと疑《うたぐ》り深い目を向けた。そして、これがガロアには試験官の不当な無理解と思われた。こうなってしまうと、もはやそれは面接試験などという体《てい》のものではなくなってしまったであろう。当然のことながら、この会見は両者とも感情的に高ぶったままの決裂という結果になっただろうと思われる。

## 世間の反応

この悲劇的な入試事件についてタトンは、『ガゼット・デ・ゼコール（Gazette des Ecoles)』紙が次の年一八三〇年にこの事件を報じた際に、

……ディネ氏は文部省から秘密裡《り》に下達された命令の中で、試験の成績をエコール合格者選考の第一要件とせずに、宗教や君主政体に対する家族の見解や感情を第一に考えるよう指示されていた……

との行があったことに言及し、もしこれが本当だったとすれば、保守派の陰謀に巻き込まれて悲劇的な死を遂げるような父親を持ったガロアには、そもそも合格のチャンスはほとんどなかっただろうとも述べている（Taton. 1947, p.116)。

本当にこのような政治的圧力が裏にあったかどうかはわからない。しかし、いずれ

にしてもガロアの二度におよぶエコール・ポリテクニーク受験失敗は、多分当時においても衝撃的な事件であったろうし、かなりの物議をかもしたものと思われる。ガロアの才能を知っていたリセの同級生たちのみならず、教師たちにも様々に衝撃を与えたであろう。特にリシャールは日頃からガロアの非凡なる才能を認め、これほどの天才ならば無試験でエコール・ポリテクニークに入学させるべきだと吹聴《ふいちょう》していたほどであったから、そのショックはさぞかし強烈なものであったに違いない。のみならず、このときまでにガロアは一編の論文をすでに専門雑誌に掲載し、その他にも二編の論文をアカデミーに提出していたのだった。前述のように、それらの論文はコーシーをまったく例外的な行動に走らせ、これによってアカデミーの人々にもガロアの名はかなり知れ渡っていた可能性があることも併せて考えるなら、スキャンダル騒ぎは同級生や教師などの身内にとどまらず、ある程度は当時の教育・研究界をも揺るがすものとなっていたかもしれない。だとすれば、ガロア入試事件の責任を一方的に試験官のディネに押し付けるという後世の一般的論調が生まれたこともうなずけるのだ。まさに孤高の天才が〈悲劇のヒーロー〉になるという、演出効果も申し分のないストーリーが組まれることになったのである。

もちろん、最近の論調はもっと冷静である。デュピュイやベルは言及していないことであるが、ガロアのエコール・ポリテクニーク受験は父親の悲劇的な死から間もなくのことであった。「父の死」と「受験失敗」という二つの出来事の時間的な前後関係が重要だ、とロスマン（Rothman, p.88）は述べている。父親の突然の、そして悲劇的な自殺はガロアの心に計り知れない衝撃を与えたに違いない。のみならず、その葬儀の際に起こった騒動の光景は彼の心に癒《いや》されぬ傷を残していた。エコール・ポリテクニーク受験に臨むガロアは、とても普通の精神状態にはなかったであろう。入学試験がまさに考えられ得る限りの最悪のタイミングと最悪のコンディションの中で行われたことにこそ、彼の不合格の第一の原因があると言えそうである。

さらにもう一つ原因を挙げるとすれば、当時のエコール・ポリテクニークのアドミッション・ポリシーの問題が考えられる。既述のように、ディネの試験官としての方法は――試験そのものがマニュアル化され硬直化していたものだったとはいえ――彼の入学者選抜に対するそれなりの考え方を反映させたものだった。この方法では確かに希代の大天才であっても、期待通りのプレゼンテーションを行う能力に問題のある生徒は合格させるわけにはいかない。もちろんこのような試験のあり方を擁護するつもりはまったくないが、ポリシーがそうであった以上、それに見合わない受験者は不合格となるのは致し方ないことである。善し悪しの問題ではなく、あくまでもクールに問題を解釈すれば、当時のアドミッション・ポリシー――そこには遺憾ながら前述のような政治的要素もあったかもしれないが――に照らして相応しくない学生であったガロアが、まったく順当に不合格になったという、ただそれだけのことだったと言えなくもない。

## 3　エコール・ノルマル入学

### リシャール先生との関係

憧れのエコール・ポリテクニーク進学の夢は永遠に閉ざされた。父の死に続いて起こったこの二つ目の不幸がガロアをさらに打ちのめした。この頃のガロアがどのような心境で日々を過ごしていたかを明確に物語る資料はないが、その中で一八二九年の学期後半にガロアとリシャールの関係にある変化が見られることは注目に値する。

前述したように、リセの最終学級における「特別数学」においてガロアが出会ったリシャールは、ガロアの才能を見抜き、これに正当な評価を与えていた。ガロアも彼の講義の課題はきちんとやってきたし、最新の数学研究の動向などを互いに議論し合う中で、次第に心を開いていったものと思われる。そしてこれも前述したように、第一学期末の所見でリシャールは、

この生徒は他のどの生徒より、はるかにずば抜けている。（Cet élève a une supériorité

marquée sur tous ses condisciples.)

と書き記し、ガロアをべた褒めしていた。しかし、次の第二学期末の所見では、

この生徒は高級な数学のみをやっている。(Cet élève ne travaille qu'aux parties supérieures des Mathématiques.)

とあり、これは読み方によっては少々微妙なニュアンスも感じられるだろう。「彼のやっているのは高級な数学ばかりだ！」と肯定的に解釈することも十分可能でありながら、その一方で「その他の基礎的な学習を怠っている」という、以前ヴェルニエが述べていたものと同様の、少々批難じみたニュアンスを読みとることも可能である。

とはいえ、例えば同時期のガロアの物理を担当したティヤイユの所見、

・第一学期「うわの空、学業無(Distraction; travail: néant.)」
・第二学期「品行まずまず、学業零(Conduite passable, travail nul.)」
・第三学期「極めて放心的、学業零(Fort distrait, travail nul.)」

のように「品行〇〇、学業〇〇」といった感じの簡潔なものからは一線を画している。のみならず、この物理の学業所見のような散々なものから比べれば、リシャール先生の所見はまだまだ大変好意的なものと言える。

しかし、第三学期の終りのリシャールの所見は、

品行良、学業十分（Conduite bonne, travail satisfaisant.）

と明らかにトーンダウンしている。当初は理想的な師弟関係を築いていたはずのリシャールでさえ、ガロアを手放しでは褒められなくなってきたらしい。これは気になるところだ。リシャールがガロアから距離を置き始めたのか、それともガロアの方から離れていったのか。いずれにしても、リシャールとガロアの関係は、ホルンボエとアーベルの関係のように生涯にわたって続くものではなかった。実際、後年エコール・プレパラトワールを放校になって以降のガロアがリシャールと連絡をとり合っていた形跡は認められない。ガロアの才能が次々に開花するのを見守る興奮にも増して、リシャールがガロアを持て余すようになったのだろうか。そうだとすると、その原因は何だったのだろうか？

学習・生活態度という点では、この頃のガロアの態度は概して良いと考えられる。

一八二九年夏のガロアは、もはや無鉄砲な学生ではなかった（Ehrhardt, p.12）。すぐ後に述べるように、エコール・プレパラトワールに入学させてもらうために、多少なりとも良い学生であろうとした、あるいはそうあらねばならない状況だった。となると性格上の問題だったのかもしれない。リシャールは野心的なところは一切ない静かな性格の人間であった。数学を愛し、数学を教えることを愛した。それ以外のこと、例えば政治的な問題などには首を突っ込まなかっただろうと思われる。対するガロアの方は、これに比べればはるかに激しい性格の持ち主であった。それまでも——一八二四年一月の聖シャルルマーニュ祭における乾杯事件から得た強い印象のように——現実社会の非合理的な矛盾に憤怒《ふんぬ》を燃やすことはあったであろう。今や父親の死と葬儀を機に世の中のいたるところに不公正で卑劣なことばかりを見出すようになったガロアは、世間にはびこるあらゆる政治的悪、復古王政の矛盾をそれまで以上に痛烈に感じるようになっていた。反動的な保守主義や陰謀たくましい王党派に対する決定的な憎悪を持つようになったに違いない。このような激しい内面の変化が、リシャールに手に負えないと感じさせたのかもしれない。

時代が時代だったとはいえ、リシャールのような純情な学者にとって政治的な問題に深く関わることは避けるべきことであった。ガロアがこの方面に性急な先鋭化を遂げていく過程をリシャールはハラハラしながら見ていたのかもしれない。ガロア君はもう私の手には負えなくなってしまったと嘆息したのかもしれない。

## エコール・プレパラトワール

エコール・ポリテクニーク進学のことばかり考えて、その他の可能性をまったく考えていなかったガロアは、ここに来て真剣に進路選択について悩むことになる。父親亡き後、今後の学費の工面も深刻な問題だ。主にこの経済的理由からガロアはエコール・プレパラトワール（高等準備学校）への進学を考えるようになった。エコール・プレパラトワールに入学できれば政府からの給付金がもらえるからである。

エコール・プレパラトワールは革命期の一七九四年、つまりエコール・ポリテクニークの創立とほぼ同時期に、主に大学やエコールなどの教員を養成する学校として創立された「エコール・ノルマル（高等師範学校）」がその前身である。当初はモンジュやラグランジュなど一流のスタッフを擁し、エコール・ポリテクニークと同様に富国強兵を目指す教育政策の旗印の一つであったが、一八二二年に一度閉鎖され、一八二六年に「エコール・プレパラトワール」として改組・復活した。ガロアが入学した後、一八三〇年七月革命後には、ルイ・フィリップの庇護《ひご》のもとに元来の「エコール・ノルマル」に再改名することになる。

現在のパリ高等師範学校、いわゆる「エコール・ノルマル・シュペリエール」はサント・ジュヌヴィエーヴの丘上、パンテオンから南に延びるウルム通り沿いにあるが、当時はルイ・ル・グランと同じ敷地内にあり、ガロアにとっては代わり映えのしない立地であった。また現在ではパリのエコール・ノルマルと言えばフランス第一の難関校であり、エコール・ポリテクニークが高級官吏・軍人畑への登竜門であるのに対して、学者・研究者を目指す若者にとっての最上級の登竜門となっているが、当時はそこまでプレステージの高い学校とは見なされていなかった。フランスの諸科学界をリードするほとんどの学者たちがエコール・ノルマルの卒業生、いわゆる「ノルマリエン」になっている現在の状況とは若干違うのだ。

立地だけでなく、学校内の雰囲気もガロアにとっては代わり映えの感じられないものであった。ナポレオンが愛した自由主義的なエコール・ポリテクニークの校風と違って、当時のエコール・プレパラトワールは保守的であった。学生たちに「優れた道徳性」と「正しい宗教信条」を要求していたことからもそれがわかる。のみならず、学校のレベルも最上級ではないとなれば、ガロアと数学の議論ができるような有能な学生と出会う可能性も期待できない。これだけマイナス要素があれば、ガロアとしてもエコール・プレパラトワール進学はまったく気乗りがしないものであっただろう。

実際、ガロアは本当に進路の選択に悩んでいたようだ。表向きはエコール・プレパラトワール進学を決心した後になっても、まだいろいろと考えあぐねていたらしい。

八月三十一日付の叔父《おじ》アントワーヌ・ドマント宛の手紙でも、ガロアは苦しい胸の内を漏らしている。

……私はまたここに来て自分の行く末について決心がつかなくなりました。私を悲しませるのは、この優柔不断さが今後の私の可能性を狭めこそすれ、広げることはないだろうということです。躊躇《ちゅうちょ》しても心配しても状況はあまりよくならないことは申すまでもありません。しかしよい状況を見出すことは容易ではありません……

## 入学までの経緯

エコール・プレパラトワールの入学試験は、先に述べたエコール・ポリテクニークのそれに比べるとより徹底的なもので、試験期間も長かった。理系学生には数学、物理、ラテン語仏訳、フランス語、および哲学の計五科目の筆記試験が課せられる。のみならず、入学希望者は母校の校長名で道徳性と宗教信条について内申書の提出を求められた。エコール・ポリテクニークの試験は本質的に一発勝負で、しかも科目は数学のみであったのに対して、エコール・プレパラトワールの場合は、数学が特に大きな比重を占めていたわけではない。未来の教師候補生に対して求められたのは一芸に秀でた才能などではなく、バランスのとれた多面的な学識と人格だったのである。

以上のことからも状況はガロアにとっていかに不利であったかがわかるが、彼にはそれどころではない、もっと大きな問題があった。そもそもその年のエコール・プレパラトワールの入学試験願書の受付期間は、もうとっくに過ぎていたのである。だから行き先の決まっていないガロアがエコール・プレパラトワール入学を希望しようという場合、そこには当然ながらまったく例外的な措置が必要であった。リシャールの介添えで、ガロアは教育省大臣に例外的な受験許可を請願する手紙を書いている。

教育省大臣閣下

ここに私はエコール・プレパラトワール（自然科学系）入学候補者の決定済みリストに私の名前を加えて頂くよう閣下に嘆願する光栄に浴します。以前よりエコール・ポリテクニークを目指し、このエコール受験を甘受しましたが、この経験で私は自分の本当の適性に目を開かされ、しかるべき時期にエコール・プレパラトワールに登録しておかなかったことを悔やむばかりとなりました。私自身の関心に加えて学問研究の世界の先頭に立つ人々からの激励にも後押しされ、私はこの進路を選ぶことに決めたのです……

ちょっと虫がよすぎるという感じもなくはない。エコール・ポリテクニークの入学試験を甘んじて受けた（subir）とか、自分が本当に行きたかったのはエコール・プレパラトワールだったと言わんばかりの勢いである。その中に「学問研究の世界の先頭に立つ人々からの激励（les encouragement de personnes placées à la tête du monde savant）」という行があり、彼の背後にアカデミーの研究者——コーシーもその一人であった可能性が高い——による後押しがあることがほのめかされている。

この手紙が功を奏してか、あるいは周囲の人々の奔走が実を結んでか、ガロアは八月二十日から二十五日までの入学試験を受ける運びとなり、十月二十五日、ガロア十八歳の誕生日になんとかエコール・プレパラトワールの第二学級に入学を許可されるにいたった。

## 特別扱い

エコール・プレパラトワール入学までのこの経緯から読みとれることは、ことのほか多い。

まず彼の入学許可が、極めて破格の〈特別扱い〉によるものであったということだ。願書受付期間はもうとっくに終わってしまっているという状態から、特別に試験を受けさせてもらっているのである。今の日本では考えられない処置である。

そこにはリシャールの献身的な努力もあったと思われるが、それだけでなくラボリー校長の意向もなければならなかったはずだ。先にも述べたように、エコール・プレパラトワールに入学が許可されるためには、リセの校長から道徳性と宗教信条についてのお墨付きを得なければならなかったからである。それは今まで述べてきたような不良学生には到底得られないものであったに違いない。この学生は〈良い〉学生です、という保証付きでガロアを推薦しなければならなかったわけであるから、校長はずいぶん無理をしたことであろう。

特別扱いはそれだけではない。エコール・ポリテクニークと違い、エコール・プレパラトワールのアドミッション・ポリシーにおいては偏りのない多面的な学識が要求されていた。数学、それも自分独自の数学にばかり凝り固まって、他の教科の学習を完全に怠っていたガロアには、本来手の届くはずのない学校であったはずである。実際、ガロアの入学試験の結果はパッとしないものばかりだった。数学はともかく、散々な成績だった物理でよい点数がとれるはずがない。では人文科学系の科目はどうだったかというと、これもあまりパッとしない。哲学は九十六人中四十五位、フランス語にいたっては七十位、また母君の薫陶を受けて得意であったはずのラテン語でも二十一位と、目をみはるものはどこにもない。ちなみに、この年のエコール・プレパラトワールに入学が許可されたのは十八人で、そのうち自然科学系はガロアを含めて七人である。

数学の結果は十段階評価で「8」。これは良い方の成績ではあるが、リシャールが吹聴していたような〈天才〉のものとしては驚くほど凡庸である。一方、物理の方は「3」であり、当然のように良くない結果であるが、先に挙げた所見「学業零」のような滅茶苦茶《めちゃくちゃ》なものからすれば、それなりには頑張った方かもしれない。

このようなわけであるから、品行、徳性、成績のどれを見ても、ガロアがそこまで特別扱いを受けてまでエコール・プレパラトワールに合格できた理由は何もないのである。しかるに彼が特別に入学を許可された最大の理由は、ひとえに彼が〈数学の天才〉であったからに他ならないとするのが自然だろう。教育省大臣に宛てた手紙の内容が真っ赤なウソだったのでなければ、彼は当時すでに時の一流の研究者たちから一目置かれる存在だったのである。〈天才〉という評判がある程度広まっていたのかもしれない。「学問研究の世界の先頭に立つ人々」の中には当然コーシーも入っていただろう。ここでもコーシーがガロア少年を無視するどころか、天才的な才能の持ち主として一目置いていたことが示唆されるのである。それどころか、コーシーがエコール・プレパラトワールや教育省大臣に対して特別の肝いりを行った可能性もある。

## 試験の答案

エコール・プレパラトワール入学にいたるまでの経緯から見えてくるのはそれだけではない。エルアルトの報告（Ehrhardt, p.12）には、このときの入学試験の数学の答案から、それまでとは違ったガロア像が見えてくることが示唆されている。

今までにも様々な機会に述べてきたように、ガロアは自分自身の興味に対しては常に天才的なひらめきと並々ならぬ熱意を傾けてきたが、学課の方はあまりやる気がなかった。本質的なことを瞬時に捉《とら》える能力に恵まれた者にとっては、細かい点をいちいち気にすることはこの上なく煩わしいものだ。このような態度はエコール・ポリテクニーク受験のときにも如実に表面化しただろうし、それが二回の不合格となって現れたと考えられる。

しかしエルアルトによれば、エコール・プレパラトワール受験のときのガロアは驚くほど従順に、きちんと答案を作成しようとしているという。ある程度ルーチン化された解答のテクニックに沿って答案を書こうと努力しているように見えるというのだ。これは従来の一般的なガロア像からは想像できないことであり、注目に値する。そこに見られるのは、将来の安定のためにとりあえずは世間的なやり方に抗せず、積極的に妥協する姿である。彼はこの頃、以前の無鉄砲な不良学生ではなかった、とエルアルトは述べている。

いずれにしても、この時期のガロアが以前にも増して難しい立場に置かれていたことは間違いない。エコール・ポリテクニーク不合格は納得のいかぬものだったとしても、もうやってしまった失敗はとり返しがつかないのだ。その上、父の突然の死による経済的な問題もある。彼にとっては不本意ながらも、エコール・プレパラトワールに進学することしか残された道はないと思われただろう。だとすればリセの先生や校長にもいろいろと世話を焼いてもらわなければならない。そのためにも腰を低くして、神妙に日々を過ごさなければならなかったのである。

## バカロレア問題

もちろん彼はこのような閉塞《へいそく》的な状況にあっても、人知れず進路選択には迷っていたのである。前掲の叔父アントワーヌ・ドマント宛の手紙が書かれたのは八月三十一日であったが、これはガロアが特別に入学試験を受けさせてもらった一週間後のことである。試験を受けながらも、ガロアの心中には煮え切らないものがあったはずだ。

それに問題はまだ終わったわけではない。大学入学資格「バカロレア」の問題がある。前述の通りエコール・ポリテクニーク入学のためにはバカロレアは必要なかった。ガロアがこれ幸いとばかりに他の教科には目もくれず、数学だけに没頭していた根拠もここにあった。しかし、エコール・プレパラトワール入学のためにはバカロレアが必要なのである。数学以外の学課でパッとしない成績しかとっていなかっただけでなく、これらの学課を真面目に履修してこなかったガロアにとって、これは深刻な問題だった。ガロアには他にも腰を低くしていなければならない理由があったのである。最初彼は人文科学系と自然科学系の二種類のバカロレアを取得する必要があった。このときの口のバカロレア試験は人文科学系のもので、十二月九日に行われている。このときの口頭試験を担当した試験官の中には、後にフランス首相となる歴史学者のフランソワ・ピエール・ギヨーム・ギゾー（一七八七―一八七四）もいたと伝えられている。ガロアはこのときの試験では合格できなかったが、一週間後の十二月十七日にようやく人文系のバカロレアを認められた。もっともその成績は実際極めて悪かったということであるから、ここでも彼は特別扱いに甘んじなければならなかったのだ。

自然科学系のバカロレアが認められるまでには、さらに日数がかかった。フランクール、アシェット、ルフェブル・ド・フルシーらの指導のもと、ようやく自然系のバカロレアを取得したのは年の瀬も押し迫った十二月二十九日のことである。このときの試験官所見として、数学を担当したルロアは、

この学生は自分の考えを表明する上でいくらか不明瞭な点があるにはあるが、知的であり研究に対する非常に特筆すべき気質を持っている。彼は私に応用解析学に

ついての新しい見解を披瀝《ひれき》してくれた。

と書いており、未熟ながらも将来性のある学生として肯定的な評価を下している。その一方で、これとはまことに対照的に物理担当のペクレは、

私はここまでロクな答えもできない学生に出会ったことは初めてだと言い得る。彼はまったく何も知らない。

彼には数学の才能があるということを聞いていたが、まったく驚くべきことだ。なにしろ試験において見る限り彼にはほとんどまったく学識があるようには見えない。あるいは彼の学識があまりに巧妙に秘匿されてしまっているので、私にはわからなかったということなのかもしれない。たとえ彼が世間で言われているような人物であったとしても、私は彼が良き教師になれるとは到底思えない。

と、ここまで悪く言えたものかと呆《あき》れてしまうくらいの悪い評価を下している。それでもなお彼のバカロレア取得は認められたというのだから、彼に対する特別扱いはまったく無茶苦茶の域にまで達していたと言えるだろう。

## リセのガロア

こうして波瀾万丈《はらんばんじょう》の中にも、ガロアの人生はリセでの計六年間におよぶ学業をなんとか終えて次の段階に入る。次の段階――一八三二年五月三十一日の死までの二年半――に入る前に、ここで「リセのガロア」について簡単に整理しておこう。

・学業全般……最初の数年間は〈優等生〉であったが、一回目の第二学級あたりから勉強に身が入らなくなる。理由はよくわからない。リセ入学直後一八二四年一月「聖シャルルマーニュ祭」における事件が彼の内面に暗い影を落としていたのが原因という説もある。十四歳―十五歳頃のガロアが反抗期に入ったという平凡な見方もできる。ラボリー校長の意見により落第。二回目第二学級で数学と出会ってからは、数学の狂熱にとり憑かれる。その一方で目に見えて学習態度は悪化。リセ最後の年の成績やエコール・プレパラトワール入試の結果、またバカロレア試験の所見などからはっきり見てとれるように、彼の最終的な学識は極めて偏ったものに結実した。

・数学……リシャールとの出会い以降、最初の論文の発表やアカデミー提出論文の執筆などにおいて華々しい成果をあげる。少なくともこの頃までには後年「(代数方程式の)ガロア理論」と呼ばれる巨大な理論の骨格はできていた。その一方で学課としての基礎的な数学にはあまり本腰を入れなかった。問題の本質を捉える能力はまさに天才的であったが、それを表現する上では未熟さが目立つ。

・交友関係……リセの同級生の中で特別に親しい友人がいたという記録は、少なくとも筆者の知る限りない。リシャールは彼の唯一のまともな話し相手であったと推察されるが、アーベルとホルンボエのような後々までも続く温かい関係を築くことはできなかった。また、コーシーとは何らかの緊密な接触があり、ガロアの才能を認めたコーシーがガロアの研究活動を積極的に支援していた可能性が強い。

一回目のエコール・ポリテクニーク不合格の際にはガロアは一方的に不当な処置だと思ったが、二回目のときは父の死の直後でもあり、多分しょげきっていたものと思われる。主に経済的理由からエコール・プレパラトワールを目指すことを余儀なくされ、それまでのひどい学習態度を悔やんだ可能性がある。そのため（エルアルトの指摘によれば）規定のルーチンワークにもにわかに従順な妥協を示した。のみならず、エコール・プレパラトワール受験のためには教師や校長の世話にならなければならず、さらにはバカロレア問題も控えていたので、心の中には忸怩《じくじ》たる思いがあったにせよ表向きは神妙にしていたと思われる。

これら多くの困難があったにせよ、そしてそれがガロアの内面に多くの傷跡を残したにせよ、彼の卒業と進学には周囲の人の努力がなければならなかったことを（ある程度は）痛感せざるを得なかったに違いない。その思いが今後どのように発展・変化していくのか。心をすっかり入れ替え真人間になって新しいスタートを切るのか、それとも心の中で密《ひそ》かに燃え上がる不満となってついに爆発するのか……残念ながら、後の事実は後者の方に近い。

# 第五章　一八三〇年——革命と放校

# 1　七月革命

## パリの市壁

現在のパリ市街地図、あるいは地下鉄の系統図を見ると気付くことなのであるが、地下鉄の2番と6番がそれぞれ北半分と南半分を受け持つようにして、パリ中心部をぐるりととり囲んでいる。ちょうどこれに沿うように十九世紀中葉まで市壁があった。現在でもパリには○○門（Porte）とか○○広場（Place）といった地名が多いが、これらの場所はその昔市壁や、その外側を取り巻いていた城壁の門があった場所である。例えばイタリア広場（Place d'Italie）にはイタリア門が、クリシィ広場（Place de Clichy）にはクリシィ門があった。凱旋《がいせん》門のある場所にはその頃エトワール門があったし、モンパルナスタワーのあるあたりにはモンパルナス門があった。

現在は二十の区（arrondissements）に区分けされているパリ市街地の中で見ると、往年の市壁の内側であった区域は面積にしても半分以下の、比較的狭い地域であったことがわかる。その市壁の内側と外側とでは、したがって市街化の歴史が異なっている。市壁の中の建物の多くは一八六〇年代以降のオスマンによるパリ改造以降の建造であるが、市壁の外側の建物はさらに新しい。多くが二十世紀初頭以降の建造である。

そのことから推して考えれば、十九世紀前半当時には市壁の外側にはところどころに民家が点在するだけの広々とした草原や丘、湿地帯、あるいはうっそうとした林などが広がっていたものと思われる。マレ地区にあるカルナヴァーレ歴史博物館では、こうした改造以前のパリの原風景を、当時の風景画や模型などの展示物から知ることができる。

### 関の酒場

十九世紀前半当時における市壁内外の違いはそれだけではなかった。市壁に作られた市門では、市壁の外から入ってくる食料品など様々な生活必需品に関税がかけられていたため、市壁の内と外ではそれらの値段が大きく異なっていたのだ。例えばワインは上流家庭でも下層民にとっても毎日欠かせないものであったが、これにも多額の関税がかけられていた。市壁内のワインの価格は、ひどいときには市壁外の二倍以上にもなっていたのである。

そのためパリの日雇い労働者たちは、努めて市壁の外まで出かけていってワインにありつくようになる。そして彼らを目当てに、市壁のすぐ外には〈労働者御用達《ごようたし》〉の居酒屋、いわゆる「関の酒場」が多く建ち並ぶようになった。

当時のパリは革命以後急激に多くの出稼ぎ労働者たちが集まってきていた。彼らの多くは朝早くグレーヴ広場（パリ市庁舎前広場）でその日の仕事にありつくという日雇い労働者であった。仕事が見つかった人々は仕事の前後に、運悪く仕事がなかったときでも仲間たちと陽気に、各々三々五々居酒屋に出向いて一杯引っ掛けるのが日常である。彼ら労働者たちの生活において、居酒屋でちょっと一杯という習慣は欠くことのできない大切なものだった。職探しの相談や仕事関係の情報交換のみならず、彼らの連帯感や同業者同士の絆《きずな》を築き上げる上で、居酒屋という場は極めて重要だったのだ。仕事前や昼休み、仕事後の一杯は言うにおよばず、仕事中もちょっとした息抜きには現場を放り出して居酒屋へ繰り出す。新顔が来れば来たで居酒屋でおごらせる。仕事前の居酒屋で久しぶりの友人に出くわそうものなら、仕事なんかそっちのけで終日飲み明かすといった具合である。

その中にあって市壁の外に建ち並んだ「関の酒場」は、これら労働者たちの休日の憩いの場であった。日曜日になると彼らは一斉に市壁の外に繰り出す。一日中飲めや歌えのドンチャン騒ぎとなるものだから、大抵は次の日など仕事になるわけがない。自然、月曜日にも仕事を放棄した労働者たちが酒場に居座って痛飲するようになる。いわゆる「聖月曜日」である。喜安朗著『パリの聖月曜日』（岩波現代文庫、二〇〇八年）は、このあたりの事情を背景に、当時のパリの民衆たちの生活を活き活《い》き《い》きと写し出している。

## 騒乱の火種

しかし「関の酒場」が果たしていた役割は、このような憩いの場としてのものばかりではなかった。パリの治安を預かる警察にとっては、そこは労働者たちが仕事も忘れて痛飲する規律が乱れた場所だったのだ。いわば不心得者たちの危険な活力がくすぶる場所だったのである。警察関係者たちのこの危惧《きぐ》はもちろん根拠のないものではない。実際これらの関の酒場が、街頭での暴動やストライキといった民衆運動の結節点となることが多かった。関の酒場での大騒ぎは、常に騒乱へと発展する火種を宿していたのだ。特に「聖月曜日」が危険だった。パリ警視総監の報告にも、

〔月曜日は〕「労働者が仕事場を離れてしまい、関の酒場に出かけ、大酒を飲んで楽しむ日であります。彼らはこうして騒擾《そうじょう》を引き起こそうという気持になり、断然、治安対策など無視してかかるようになります。労働者の計画の実行は、常にこの月曜日をめざして準備されます」

（喜安朗『パリの聖月曜日』三〇二頁）

とあるように、月曜日の関の酒場は特に問題視されていた。

七月勅令

一八二七年の総選挙でユルトラ政権は自由派に敗北し、首班のヴィレールは辞職に追い込まれた。次に政権を担当した穏健王党派のマルチニャック内閣は、左派に対する中途半端な歩み寄りから、保守派と自由派双方の不評を買う。これを受けて一八二九年八月に誕生したポリニャック内閣は、再び反動的なユルトラ内閣であった。国王の指名を受けたポリニャックは、国王とともに大革命以前の安定した絶対王政の復活を望んでいたのだ。憲章《シャルト》の都合のよい解釈など反動的な気質を高めていたポリニャック内閣は、民衆からもブルジョワたちからも、そして政治家たちからも人気がなかった。

そもそも復古王政期は政治上の不安定要素が多かったとはいえ、経済的には概して安定していた。しかし一八二六年頃から経済状況は悪くなり、この年のジャガイモの不作から深刻な不況に陥った。それに拍車をかけたのが一八二九年から一八三〇年にかけての記録的な寒波である。薪《まき》が買えない高齢者たちの多くがこのとき自宅で凍死したという。

このような不穏な空気の中で、リベンジ王政に飽き飽きしていた活動家たちは、共和派とオルレアン派に分かれて政府打倒を目指す。共和派は主に労働者などの下層民と思想的後楯《うしろだて》を提供する学生たちなどから成り、王政の徹底的打倒と共和国家建設を目指していた。他方のオルレアン派は富裕なブルジョワ層の支持を得て、オルレアン公ルイ・フィリップを権力の座に座らせようと画策した。オルレアン派の実質的指導者である銀行家のラフィットは一八三〇年一月に『ナシオナル（Le National）』紙を創刊、一六八八年のイギリスの名誉革命に倣ってオルレアン家への王朝交代を煽動《せんどう》する。「君臨すれど統治せず」との原則を打ち立て、憲法を主軸とした新しい政体の実現を説いた。

一八三〇年に入るとシャルル十世のユルトラ反動王政は断末魔の叫びをあげる。一八三〇年三月、ポリニャック内閣に対する不信任決議が下院で可決。シャルル十世はこれに対抗して議会を解散、次の選挙での巻き返しを図る。内閣は選挙運動の一環としてアルジェリア出兵を強行しアルジェを占領。この一見華々しい外交上の成功にもかかわらず、そしてあからさまな選挙干渉もむなしく、六、七月に行われた選挙では反政府派が大勝利した。

ついにシャルル十世は怒り狂い、憲章《シャルト》の「緊急大権条項」を発動、(一) 出版の自由の停止、(二) 新議会の解散、(三) 選挙有権者資格からの営業税・戸税・窓税の削除および議員定数の減員、(四) 九月初旬の新選挙法に基づいた出直し選挙の実施、以上四項目からなる「七月勅令」を下達した。ついに国王がクーデターを起こしたのである。

ところで、七月勅令が出された七月二十五日は日曜日だった。そして新聞発行の制限で生活が脅かされると考えた印刷工たちが勅令を知ったのは、まさに「聖月曜日」だったのだ。

……この日から新聞の読み手〔印刷工たち〕は、民衆の中の演説家となった。かくて月曜日に彼らはパリを出て、方々の市門の外に散っていき、そこの安食堂で夕食をとった。それは、仕事の後、同じように市門の外にやってくる習慣のあった石工、大工、錠前工やその他の労働者を煽動する機会を少しものがすまいという、確固たる下心をもってのことである。　（『パリの聖月曜日』三〇四頁）

〈栄光の三日間〉

翌日の七月二十七日から二十九日までの三日間は〈栄光の三日間〉と呼ばれている。二十七日火曜日。『ナシオナル』『グローブ』など新聞各紙は勅令を無視して朝刊を発行。フランス国内の主なジャーナリストたちの署名入りで国王のクーデターに対する徹底抗戦を呼びかけ、民衆たちの蜂起《ほうき》を煽動する記事を掲載。街頭では「ヴィヴ・ラ・シャルト（憲章万歳）！」の声とともに騒擾がにわかに高まる。政府はアルジェリア出兵で手薄となっていた軍隊をカルーゼル広場、ヴァンドーム広場、バスティーユ広場に配備。市内のあちこちで道路から剥《は》がした敷石を積み上げてバリケードを作る民衆たちの姿が見られる。貴族出身ながらフランス革命時には国民側に立って活躍したラ・ファイエット将軍が担ぎ出され革命軍が組織される。午後七時、ついに警備兵たちの銃口が火を噴き、暴徒化した市民数人が射殺された。

二十八日水曜日。エコール・ポリテクニークの学生たちが制服姿で意気揚々と行軍、民衆の先頭に立つ。そんな中オルレアン派の首謀者ラフィットが革命に合流、これにラ・ファイエット将軍も加わって民衆蜂起の司令塔が完成した。勢い付いた革命軍は市庁舎を占領。市庁舎とノートルダム寺院に三色旗が翻る。民衆は口々に「ラ・マルセイエーズ」を歌い、チュイルリー宮へと詰めかける。エコール・ポリテクニーク元教授で数学者・天文学者、そして共和主義政治家でもあったフランソワ・アラゴ（一七八六―一八五三）を全権にして国王に政権の放棄を説得。民衆の力を甘く見た国王はこれに耳を貸さず、依然として弾圧を続ける。

二十九日木曜日。ラ・ファイエット将軍を国民衛兵総司令官としてラフィット、ペリエらによる臨時政府が組織される。パリ市内には六千ものバリケードが築かれていた。ほとんどの道路の敷石は剥がされ、街路樹のほとんども切り倒されてバリケード資材となった。市内のあちこちで激しい市街戦が繰り広げられる。国民軍は共和派やボナパルト派を抱き込み一枚岩となるや、さらに警備兵の二連隊をも寝返らせた。昼

ドラクロア（1798-1863）『民衆を導く自由の女神』（仏ルーブル美術館）©RMN-Grand Palais（musee du Louvre）/Michel Urtado/distributed by AMF

過ぎ、ついにチュイルリー宮は陥落。ここにも革命の象徴たる三色旗が翻った。

七月革命のこの三日間の戦闘で、蜂起した民衆側の死者は約八百、負傷者は四千人にも達するという。これら民衆側の犠牲者は現在でもバスティーユ広場に立っている「七月の円柱」によって讃《たた》えられている。

この「七月革命」はフランス革命以来の大規模な民衆蜂起である。〈栄光の三日間〉以後の秩序回復にはラ・ファイエットらによる臨時政府があたった。七月三十一日、ルイ・フィリップがパリ市庁舎に入庁し、ラ・ファイエットとともにバルコニーに現れる。民衆は歓呼をもってこれに応《こた》えた。

ドラクロアの有名な『民衆を導く自由の女神』は一八三〇年に七月革命を主題に描

かれた。民衆の先頭に立つ自由の女神が持っているのは共和国の三色旗である。女神の画面右に描かれた両手にピストルを持った少年は、後にユーゴー『レ・ミゼラブル』の登場人物、浮浪少年ガヴローシュのモデルとなる。

### 七月王政

もっとも七月革命は民衆の完全な勝利とはならなかった。それはブルジョワ革命の完成を意味したのであって、共和主義革命に結実はしなかったのである。この革命で確かにブルボン王朝は終わり、事実上の専制君主制であった復古王政は終りを告げた。しかし、その後に続いたのは〈新しい王政〉なのであり、国の元首となったのは〈別の国王〉なのであった。見習い石工としてパリに来ていたマルタン・ナドの父親は、わけもわからず勝利に酔いしれている群衆を横目に見ながら、息子にこう囁《ささや》いている。

「なんて間抜けで、ばかなのだ、あいつらは！　われわれに必要なのはあんなものじゃない。――ルイ・フィリップだってブルボンの一員なのだ。ブルボン王家といっしょになってわれわれを支配するのは、いつだって坊主〔僧侶《そうりよ》階級〕なのだ。われわれに必要なのは大ナポレオンの息子だ」

（『ある出稼石工の回想』六九頁）

とはいえルイ・フィリップの民衆たちからの人気は、少なくとも当初はそう悪くなかった。「市民王」と呼ばれていた時期もある。ヴィクトール・ユーゴーは『レ・ミゼラブル』の中で、ルイ・フィリップを茶目っ気たっぷりの人物として描き出している。

……ある夏の夕方、ルイ・フィリップは徒歩で帰ってきたところが、まだ小さな取るに足らぬ浮浪少年のひとりが、ヌイィー宮殿の鉄門の柱に大きな梨（ルイ・フィリップの紋章、あるいはカリカチュアライズされたルイ・フィリップ自身）を楽書きせんとして、背伸びをし汗を流しているのを見つけた。王は先祖のアンリ四世からうけついできた心よさをもってその少年の手助けをし、ついに梨を書いてしまって、それから彼にルイ金貨を一つ与えながら言った、「これにも梨がついているよ」。

（ユーゴー『レ・ミゼラブル』（二）、三八三―三八四頁）

ルイ・フィリップは当初、ラ・ファイエット将軍の「共和主義的諸制度にとり囲まれた王座」という構想に同意していた。立憲君主制と共和制との現実的な妥協の道を探ることからその王政は始まったのだ。しかし、現実には共和主義的な施政を貫くのは困難であった。共和制ともなればフランス革命期と同様に、フランスを取り巻くヨーロッパ諸国が黙っていないであろう。とはいえルイ・フィリップはナポレオンのような民衆的チャンピオンではなかったから帝政を敷くというわけにもいかない。結局、ルイ・フィリップは立憲君主としての国王に即位。いわゆる「七月王政」の始まりである。

しかし、共和主義革命を望んでいた共和派・ボナパルト派の人々にとっては、この結末は悪夢であった。ルイ・フィリップがそれなりの人格者であることを認めつつも、彼の治世に反抗していかなければならなくなったからだ。それに彼らにとって一番許せなかったのは富裕ブルジョワ層たちの裏切りだった。革命は新聞の煽動に乗せられたとはいえ、印刷工などの労働者たちが始めたのではなかったか？　それがいつのまにか革命の主導権は富裕なブルジョワたちの手に移っていたのである。蓋《ふた》を開けてみれば、結局民衆たちはこれら少数の富裕層に巧みに利用されただけだったとも言えるような結末だったのだ。

これを機に労働者や学生たちからなる共和主義者たちの政治結社は、ますます地下組織としての性格を強めていく。取り締まる側の警察は、二十人を超える政治集会の禁止（刑法二九一条）を楯に彼らを弾圧する。フランス近代史上最も治安維持が難しかったと言われる一八三〇年代が始まろうとしていた。

## 2 革命の傍らで

### 矢継ぎ早の論文発表

一八三〇年二月二十日、ガロアは正式にエコール・プレパラトワールの第二学級に入学した。前述の通り、このちょっと前の一月十八日にはコーシーがアカデミーでガロアの仕事についての報告をすることになっていた。しかし、この日コーシーは体調を理由にアカデミーを欠席し、その日に行うはずだった報告を次回に延期する旨アカデミーに通告していた。次の会合にコーシーは確かに現れたが、ここで彼はガロアの仕事については言及しなかった。そのあたりの事情については、すでに前章で詳しく述べた通りである。

そして、この年の二月には、おそらくコーシーの勧めにしたがって、ガロアは新しい論文『方程式のべき根による解法の条件について (Mémoire sur les conditions de résolution des équations par radicaux)』を大急ぎで仕上げ、アカデミーに提出している。前述のように、この論文はアカデミー主催の数学論文大賞へ応募されたのであった。

新しい学校でガロアがどのような日々を過ごしていたかについては、あまりはっきりとした記録はない。しかし、リセと同じ敷地内にあり雰囲気もそれほど代わり映えしない中で、相変わらずあまり模範的とは言えない学習態度を続けていたものと思われる。

しかし、この年のガロアは数学研究という点からは多産であった。四月には『フェリュサック数理科学紀要（Bulletin de Sciences mathématiques de M. Férussac)』から短い論文『方程式の代数的解法についての概要（Analyse d'un mémoire sur la résolution algébrique des équations)』が出版されているし、六月には同雑誌より『数値的方程式の解法についての覚え書き（Note sur la résolution des équations numériques)』と『数の理論について（Sur la théorie des nombres)』の計三本が立て続けに発表されている。最初のものは代数方程式の代数的解法に関係したもので、アカデミーに提出した論文の結果を受けて、今日言われるところの円分多項式とか楕円函数《だえんかんすう》に関するモジュラー方程式と呼ばれるものの代数的可解性について証明なしで結果が述べられている。実はここにはガロアのちょっとした勇み足ともとれる〈見落とし〉があるが、あまり本質的な問題ではない。論文中には「これらすべての命題は置換の理論からしたがう」とあり、以前もすこし触れた「根の置換」についての一般的な理論の存在が示唆されている。

六月刊の二つの論文のうちの後者は、現在「ガロア体」とか「有限体」と呼ばれている新しい数の体系についてのものであった。ガロアは「剰余の数」と呼ばれるものに〈虚数〉を導入することで、それまでには多分誰も考えていなかった——もしかしたらガウスの脳にはすでにあったかもしれないが——新しい数の体系を構築したのである。

## フーリエの死

ではアカデミー主催の数学論文大賞に応募された論文『方程式のべき根による解法の条件について』の方はその後どうなったのであろうか。一八三〇年六月二十八日、アカデミーは数学論文大賞をすでに故人となっていたアーベルと、ドイツの若手数学者カール・グスタフ・ヤコブ・ヤコビ(一八〇四—一八五一)の両者に授与すると発表した。ガロアの論文は大賞を獲得することができなかったのである。

この経緯についても諸説あるようであるが、とりあえずこの結論が、ガロア、アーベル、ヤコビの計三者の論文が平等かつ正当に評価された上での措置であったと仮定したとしても、このアカデミーの判断は——もちろんこれら三者の仕事の素晴らしさを考えるとその判断は非常に難しいものになるであろうが——それなりには順当なものであった。アーベルの仕事については先にすこしだけ触れた。アーベルと同じくヤコビも、その当時さかんに研究されていた「楕円函数」について研究し、今日「テータ函数」と言われている函数を導入した。当時としては極めて斬新《ざんしん》であったこれらの研究にフランス科学アカデミー大賞を授けるというのは、現在の我々から見てもまったく順当な判断だったと言わざるを得ない。

また、前章で引用した『グローブ』への匿名子の寄稿には「……その結末たるや。論文は散佚《さんいつ》し、大賞は選考外の若い研究者に贈られたのだ！」とあり、アーベルとヤコビはそもそも選考される資格すらなかったかのように述べられているが、これも正しくない。実際、論文大賞の選考対象は一八二八年一月一日から一八三〇年一月一日までに専門雑誌に掲載されたもの、およびこれとは別に一八三〇年三月一日までにアカデミーの幹事に届けられたものということになっている。前者の選考対象については、論文の著者は特に応募のための手続きをする必要はないとされていたから、例えばアーベルのように選考時にはすでに故人となっていた人でさえも選考対象となっていたのである。

そこで今我々が仮定したように、ガロアの論文もアーベルやヤコビのものと平等の状況で正当に検討されたかどうかが問題となる。ここに様々な憶測が入り込

カール・グスタフ・ヤコブ・ヤコビ
(1804-1851)

ジャン・バプティスト・ジョゼフ・フーリエ
(1768-1830)

む余地があるのだ。

ガロアはこのアカデミー大賞応募論文を、応募規則にしたがいアカデミーの当時の数学および物理の終身幹事であったジャン・バプティスト・ジョゼフ・フーリエ（一七六八―一八三〇）に送付した。これが前述した通りこの年の二月であった。しかし、その直後の五月十六日、フーリエは六十二歳で急死する。これはガロアにとっては真に不運なことであった。フーリエにとってガロアの論文を検討する時間は、高々正味二―三ヶ月ほどであったと推測される。その間の時間をすべてガロアの論文に割いてじっくり検討したならまだしも、アカデミー幹事としての忙しい身の上もあっただろうから、彼としてはゆっくりガロアの論文を読み、内容を理解し、適切な判断を下す時間はあまりなかったであろう。疑心暗鬼のガロアの目には、「フーリエの死」と「大賞を逃した」ことが、単なる偶然の一致とは映らなかったと後世の伝記作家たちは述べている。

もっとも、アカデミーの会員で大賞の審査員となっていたのはフーリエだけではなかった。ガロアを支援していたコーシーこそ審査員には選ばれなかったが、他にもラクロア、ポアソン、ルジャンドル、ポアンソーなどの人々がいたのである。しかしデュピュイによれば、フーリエは論文の査読を終える前に亡くなってしまったということだから、ガロアの論文はこれら他の審査員の目にはまったく触れていなかった可能性が高い。当時は今のように気安くコピーなどとれなかった時代である。あるのは原本一部だけ。それがフーリエの手元にずっとあって、しかも当人が死んでしまったとなれば、論文の回収はなかなか困難だっただろう。実際、ガロアの論文は散佚してしまい、残念ながら現存していない。

しかしそもそも事実がどうであったかは確かめようがない。エルアルトも指摘しているように（Ehrhardt, p.13）、当時から若い優秀な数学者の初期の論文が、大方の下馬評に反してアカデミー大賞を逃したり、後世の目から見ると一見順当とは思われないような低い評価を受けたりするということは決して珍しいことではなかった。とはいえ、ガロア少年には自分が大賞を逃したことを冷静に捉《とら》える心のゆとりはなかっただろう。何か自分の身の周りである種の陰謀が巧《たく》まれているのだ、といくぶん早計に考えてしまったかもしれないし、一度そう思ってしまえばもうその考えからなかなか抜け出せなかったであろう。前年の父親の死をめぐる顚末《てんまつ》から、世の中に不正しか見《み》出《いだ》さなくなっていた彼である。より一層社会から迫害されているという思いを強めてしまった可能性は大きい。

確かにフーリエの突然の死はガロアにとって大きな不運であった。しかし、その不運はアカデミー大賞をとれなかったことにあるのではなくて、むしろ世間に疑いの目を向けていたガロアの疑心暗鬼な心に、ついに火がついてしまったことにあるのである。

## 革命・監禁

そんな中で前述の七月革命が勃発する。七月二十七日付の新聞――シャルル十世の七月勅令を無視して民衆に蜂起を呼びかけた新聞――をガロアもその朝読んだかもしれない。いよいよ社会の悪は倒され、共和の理想が実現するときが来たとガロアは色めき立ったことであろう。そのようなガロアにとってエコールの薄暗い教室に巣食って何もしないでいることなど到底考えられないことであった。一刻も早く街頭に出て、栄えある歴史的瞬間に立ち会いたいと思ったに違いない。

一方、エコール・プレパラトワールの当時の校長であったギニョー氏は難しい立場に追い込まれていた。彼は王党派であり、コングレガシオンの庇護《ひご》を受けて現在の地位を保っていた。のみならず、前述の通りエコール・プレパラトワールはエコール・

ポリテクニークとは違って、基本的には保守的な雰囲気の中にあったのだ。騒ぎが次第に大きくなり、街のあちこちで銃声が聞かれるようになってくると、ギニョーは大きな危惧を感じた。そんな彼の頭の中では、いろいろな政治的計算がなされたことであろう。政府派と反政府派のどちらが勝利しても、彼自身の地位や学校を守らなければならない。いずれにしても、ここは革命の雌雄がある程度はっきりするまで、注意深く様子を見守るにしくはない。ギニョーの頭の中の政治的打算は、ほぼ当然ながらこのような行動指針を彼に与えただろう。

というわけであるから、彼にとって当座重要なことはエコールの学生を学校の外に一歩も出さないことにあった。もし学生たちが街頭に出ていって労働者たちと一緒に革命行動を起こしたとして、そしてさらに革命が失敗して現体制が維持されることになったとすれば、当然エコールは粛清される。そうなってしまえば彼も失脚せざるを得ないであろう。しかしエコールは革命にまったく参加しないという立場を維持できれば、王党派が勝利しても政府が転覆しても、どちらにしても「本校は粛々と課業に専心し……」などと言い訳することができる。

というわけでギニョーはエコールの出入口をすべて封鎖した。さらにギニョーは、二十八日の夕刻にすべての学生を講堂に集め、改めて外出を厳しく禁じた。彼らはエコール・プレパラトワールの学生として、今後十年間の公務を入学時に宣誓したのである。校長は生徒一人一人にこの誓いを思い出させた。君たちは街で暴れ回っている民衆とは立場が違う。公共のために働くと約束した人たちなのだ。しかるに今この難しい状況にあって、早まった行動を起こしてはならない。君たちは政府方につくか反政府方につくべきか決める立場にないし、その必要もないのだ。ギニョーはこのように言って学生たちを説得したのだろう。いわばギニョー一流の政治的打算と日和見《ひよりみ》主義を、生徒たちにも押し付けた形である。ギニョー校長はさらに、もし学生たちの中にこの禁則を破るような動きがあったら、容赦なく学校内に軍隊を入れて力ずくでも阻止するとまで宣言した。

もちろんガロアはこれに反発した。サン＝ジャック通りを行き来する民衆の群れからは、口々に「ヴィヴ・ラ・シャルト！」の声が聞こえたであろう。制服姿で行進するエコール・ポリテクニークの学生たちが「ラ・マルセイエーズ」を歌うのも聞こえたかもしれない。とすれば、そのときほど自分がエコール・ポリテクニークの学生でないことを悔やんだこともなかっただろう。本当は自分もあの中にいるはずだったのだ。あの中の一人であったはずなのだ。それどころか、彼らの先頭に立って政府軍相手に戦っていたはずなのだ。

彼はいてもたってもいられなかった。共和の理想に燃えた民衆が政府を倒そうという、まさにその歴史的瞬間に自分が居合わせないことが許せなかった。二十八日夜、ガロアは一人で学校から脱走しようと試みる。中庭から壁をよじ上って、隣接するサン＝ベノア墓地に侵入しようとしたのだ。しかしその高々とそびえる壁を越えていくことはできなかった。何度試みても失敗した。

彼にとって、この〈壁越え〉の試みこそが人生で初めての〈政治活動〉であった。そしてそれに彼は見事に失敗したのだ。彼がなすすべもなくエコール・プレパラトワールの敷地内で虜囚となっている間に、栄光の三日間は過ぎ去っていった。

## ギニョー校長の転身

ガロアが忸怩《じくじ》たる思いでエコールに監禁されている間に、七月革命は反政府派の勝利に終わった。七月三十日付の『ナシオナル』紙には、シャルル十世が失脚しオルレアン公ルイ・フィリップが新しい国王として推挙されることが高々と報じられた。そしてその同じ紙面に、エコール・プレパラトワール校長のギニョー氏が臨時政府に賛意を示し、今後のエコール・プレパラトワールは新しい政府に仕える旨が報じられていた。

ギニョーのこの見事な転身ぶりに、もちろんエコールの学生たちは驚き呆《あき》れた。ほんの二日前には革命に荷担しようとするなら軍隊を入れるとまで言っていた彼である。その彼が、革命が反政府軍の勝利に終わると見るや否や、破廉恥《はれんち》にも今までのことは完全に棚に上げて、これからは謹んで新政府のためにご奉仕いたしますというのだ。しかもそれは彼個人だけでなく、エコールの学生全員の総意であるかのような書きっぷりである。

しかしガロアにとっては、問題は単に呆れるだけの騒ぎではなかった。彼は栄光の三日間のギニョーの行動に対して強い怒りを感じていた。それはもちろん党派間の争い、政治的な怒りでもあったのであるが、今ここにきてギニョーがあっさりと恥ずかし気もなく脳天気な日和見主義を開陳するにおよんで、その怒りはギニョー個人に対するものになった。

高い理想に燃えた民衆が栄光の血を流して戦っている間に、ガロアは学校の中に監禁されて何もできなかった。のみならず、それを彼に強いたギニョー校長は、彼の目には無限に卑怯《ひきょう》とも思われた転身をして、しゃあしゃあと新しい政府に媚《こび》を売っている。ガロアはギニョー校長の行動を世間に暴露して、いつか必ず化けの皮を剝がしてやると心に誓った。

## 3　放校

### オーギュスト・シュヴァリエとサン＝シモン主義

七月革命を無為に過ごしてしまったことは、ガロアにとって悪夢であった。日和見主義者ギニョーの行動は、彼の社会悪に対する嫌悪・憎悪をますます激しいものにしたであろう。のみならず、フーリエのあまりにも〈タイミングのよい〉死は、彼の身の回りの世間に対する鬱屈《うっくつ》した疑念をますます深める結果となった。そしてこの頃から、ガロアは数学よりもむしろ政治活動の方に心血を注ぎ込むようになる。

この年の夏休み、ガロアはブール・ラ・レーヌに帰省し、休みを故郷で過ごしている。家族と一緒にまとまった時間を過ごすのは、ガロアの生涯でこれが最後のこととなる。

このときガロアがどのように休暇を過ごしていたかについては、はっきりしたことはわかっていない。彼の従姉妹《いとこ》のベナール夫人は、悲嘆に暮れる家族を前にしてガロアがさかんに民衆の権利を声高に主張していたと回想している。家族の知らぬ間に先鋭的な政治活動家になっていた彼を見て、彼らはガロアの変わりように驚いた。

ガロアはおそらくこのとき、エコールで知り合った友人を一人、故郷に連れて来ていた。その友人こそ、後にガロアと親交を深め、彼の遺書の受取人となったオーギュスト・シュヴァリエ（一八〇九—一八六八）である。シュヴァリエはこのときエコール・ノルマルでの二年間の学課を終えようとしていた。本来ならばその後、何らかの教職に就くことになっているわけであるが、彼はこの進路を放棄し、当時次第に信者を増やしていた「サン＝シモン教会」に入信していた。このとき同じく教会に入信した中には、後にサン＝シモン派新聞『グローブ』を立ち上げ、一八四一年からはコレージュ・ド・フランスの教授となった三歳年上の兄ミシェル・シュヴァリエ（一八〇六―一八七九）がいる。

「サン＝シモン主義」はクロード・アンリ・ド・ルヴロア・サン＝シモン伯爵（一七六〇―一八二五）によってフランス大革命後から十九世紀初め頃にかけて提唱された、一種の社会主義思想である。その思想は、産業（農業・商業・工業など）による利益追求こそが人々の幸福を実現するという、いわゆる「産業信仰」に基づき、政治・経済・宗教など社会の様々の側面に〈産業による利潤追求＝人類の幸福〉という方程式を観念的にも現実的にも適用することによって、人間相互の扶助システムを構築しようとするものであった。開祖のサン＝シモン伯爵はこの試みを実現させるため、〈新しいキリスト教〉の設立を目指した。その遺志は弟子のアンファンタンに引き継がれ、このちに「サン＝シモン教会」が設立された。シュヴァリエ兄弟が入信したのは、このアンファンタンを教祖とするサン＝シモン教会だったのである。

サン＝シモン教会はその後、アンファンタンらによる主流派とバザールらによる反主流派に分裂。前者はその強い宗教色から次第に社会から疎まれ消滅していくことになるが、後者はサン＝シモン主義の科学的・理論的側面を受け継ぎ、後のフランス政治の立役者たちにも深い影響を与えた。例えば第二帝政期の皇帝ナポレオン三世もサン＝シモン主義者であり、このときミシェル・シュヴァリエは皇帝の相談役として政府の経済政策に大きな影響を与えている。

## 「人民の友社」

ガロアが一八三〇年の夏休みを故郷でオーギュスト・シュヴァリエとともに過ごしたであろうことには、はっきりとした根拠はない。その後の両人の間の手紙のやりとりから察して、多分そうだったたろうと言える程度である。しかし、もしこれが本当だったとすると、当然ながらシュヴァリエはガロアをサン＝シモン教会に勧誘したことであろう。当時のガロアは政治問題への関心を急速に高めており、人民の権利に対する思いを強くしていたから、このシュヴァリエの話にある程度は真剣に耳を傾けたものと推定される。

しかしガロアは、〈助け合う〉ことで社会を良くしていこうとするサン＝シモン主義の考え方には同調できなかった。彼はむしろ〈闘う〉ことを望んでいたのだ。デュピュイはこの時期以後のガロアとギニョー校長との関係を考慮して、「証明はできないが、確信をもって」次のことを主張している。すなわち、この年の夏休みが終わるまでに、ガロアは共和主義政治結社「人民の友社（Société des Amis du Peuple）」に入会していただろう(Dupuy, p.221)。

オルレアン派主導のもとに七月革命が終わると、共和派はルイ・フィリップ体制に反抗し共和国家建設を目指す集団として政府から弾圧されるようになっていった。共和派はこの弾圧を受けて次第に小集団に分化していく。これらの集団の中に「人民の友社」や、他にも「人間の権利社」などがあった。これら〈秘密結社〉の先頭に立っていた指導部には、学生などブルジョワ的立場の者が多い。しかし、これらの結社は実際には、二十人を超える政治団体を禁止した結社法(刑法二九一条)により細分化されており、その各々の支社は主に読み書きのできる熟練労働者たちによって構成されていた。彼らはいたずらに民衆を煽動し政府の転覆を企てようとする反社会的分子として時の政府から常に警戒され、警察権力による弾圧の標的となっていた。多くが過激派となっていたこれら秘密結社の構成員は、富裕層からはもちろんのこと、パリ市内の多くの〈まっとうな〉市民たちからも疎まれ、彼らがちょっとでも「共和国万歳!」とか「ロベスピエール万歳!」とでも放言しながら街を歩こうものなら、騒動が起こるのを恐れて市民はすぐに家々のシャッターを閉めたという。

これら秘密結社の密《ひそ》かな活動場所は市内のカフェや居酒屋、あるいは以前述べた「関の酒場」であった。ヴィクトール・ユーゴー『レ・ミゼラブル』には「ABCの友」という共和主義秘密結社が登場しているが、その「ABCの友」についての記述から、ガロアが入会したほぼ同時期の秘密結社「人民の友社」の雰囲気がいかなるものであったか推し量ることができるだろう。

ABCの友のふだんの秘密会は、ミューザン珈琲《コーヒー》店の奥室で催された。その広間は店からかなり離れていて、ごく長い廊下で店に通じ、窓が二つあり、グレー小路に面して秘密な梯子《はしご》がついてる出口が一つあった。人々はそこで煙草《たばこ》をふかし、酒を飲み、カルタ遊びをし、または笑い声をあげていた。ごく高い声であらゆることを語っていたが、あることは低い声で話し合っていた。壁には共和時代のフランスの古びた地図がかけられていたが、それだけでも警官の目を光らせるには十分だった。

（『レ・ミゼラブル』(二)、四八四頁）

## ある投書

エコール・ノルマルで二年目の学級に進んでいた頃、すでにガロアは深く共和主義運動に傾倒していた。憎き校長ギニョーに思い知らせるために、何かと物議をかもすような行動を起こしていたようである。彼はもう単なる不良学生ではなく、立派な政治犯予備軍となっていた。そんな中、十二月五日付『ガゼット・デ・ゼコール』紙は突如として彼を取り巻く同級生たちも、彼にはほとほと愛想を尽かしていたようである。

して次のような投書を掲載した。

一八三〇年十二月三日

拝啓

貴紙の記事に関連して『リセ』紙に掲載されたギニョー氏の投書は、はなはだ不適当なものと思われる。この男の化けの皮を剝ぐためなら、貴紙はどのようなことでも喜んで受け入れることと思う。

ここに四十六人の生徒たちが証言できる事実を述べよう。

七月二十八日朝、エコール・ノルマルの学生の幾人かが戦火に向かうことを希望したが、ギニョー氏は彼らに二度にわたって、エコールの秩序を回復するために憲兵隊を呼ぶこともあり得ると告げたのである。憲兵隊を、それも七月二十八日に！

その同じ日、ギニョー氏は我々にいつものペダンティックな調子で次のように述べた。「勇敢な人たちはどちらの側にもいる。もし私が軍人だったとしたら、どちらの側につくか迷っただろう。自由か、それとも正統派か、どちらを犠牲にするべきか？」

そう言っていた男が、その翌日は帽子に三色記章をつけていたのだ。なんという教条主義的な彼の自由であろう！

また、ごく最近、エコール・ノルマルの学生たちがその気高い愛国心から、有事の際に国を守るべく武装し軍事教練ができるよう、ギニョー氏に教育省への請願を依頼した。このときのギニョー氏の返答は七月二十八日の彼の返事よりさらに自由主義的である。「君たちの要求はばかばかしい。他の学校でやっていることのまねごとに過ぎないではないか。まったくくだらない。そんな要請をこの学校から出したとしても、国会では二人ばかり王党派の議員が賛成するくらいなものだ。それに大臣は学生の騒々しさや、大学やエコール・ポリテクニークまでも破滅に導くような哀れな思想に困っておられる」

思うに、ギニョー氏が新しいエコール・ノルマルについての彼の偏見に対する非難から彼自身を守ることは、ある意味もっともなことである。なにしろ彼にとっては古き良きエコール・ノルマルこそがすべてなのだから。最近、我々は彼に制服を制定するよう要求したが、これも拒否された。昔のエコールにはなかったからだ。昔のエコールでは必修年限は三年間であったが、エコール・プレパラトワールが立ち上がるときに三年目は不必要とされた。しかし今やギニョー氏はこれを復活させたのだ。

間もなく、古き良きエコール・ノルマルの校則にしたがって、外出は月一回しか認められなくなるであろうし、それも午後五時までとなるであろう。このような体制のエコールに属してクザン氏やギニョー氏のような人間にさせられるとは、まったくありがたい話である！
最も偏狭な思想と最も完全なる旧弊、これが彼のすべてなのだ。
これらの細々《こまごま》したことが貴紙のお気に召されることを。またこれらを省略なしに貴紙に掲載していただけるよう希望している。

エコール・ノルマルの一学生

放校処分
この投書記事を読んで、ギニョー校長はさぞかしビックリ仰天したであろう。読みながら顔を青くしたり赤くしたりしたに違いない。右の投書の後には、次のような編集子による註釈《ちゆうしやく》が付いていた。

この投書を掲載するにあたって、投書人がそうと希望したわけではなかったが、そこから署名を削除しておいた。また我々は次のことを注意しておきたい。すなわち、七月の記念すべき三日間の直後にギニョー氏はすべての新聞紙上に声明を発表し、エコール・ノルマルの校長はすべての学生を臨時政府の意のままにさせると。

ギニョー校長にとってはこの投書人が誰であったかは、ほとんど明らかであったと思われる。それは絶対にエコールの学生の中にいるはずであった。そしてエコールの学生の中でこのような内部告発をしそうな学生といえば、それはガロアをおいて他にはあり得なかった。

ギニョー氏のガロアに対する尋問に対して、ガロアは肯定するでもなく否定するでもない、小馬鹿にしたような態度をとり続ける。校長はこの機会を利用してガロアを放校処分にしてしまおうと考えた。ガロアはその裏でエコールの学生たちに、この投書に対する支持を呼びかけた。しかし人文科学系の学生たちは、後述するように、かえってギニョー氏を擁護する記事を署名入りで『ガゼット・デ・ゼコール』紙に投書することでこれに応じる。自然科学系の学生こそ心の中ではガロアの肩を持つ者もいたが、自分たちの将来のキャリアに傷がつくことを恐れて積極的な行動には出ない。

十二月九日、ギニョー校長はガロアを退学処分に処することを決め、その旨教育省大臣に報告している。

大臣閣下

ここに深い遺憾の念とともに、私自身の責任において行った処分についてご報告申し上げなければなりません。速やかなるご裁可を賜わりますよう希望致します。

私は学生ガロアを、一昨日差し上げました手紙に述べた理由によりエコール・ノルマルから放校し、母親のもとに送り返したところでございます。学生監督のジュメル氏と私自身の前で彼の複数の仲間たちが言明したことや、また彼の軽率さから十分に自白されていることからして、この生徒はエコール中の憤慨を引き起こした、あの日曜日の告発文の著者であります。そしてそれこそ、本名で署名すべきところを実際には「エコール・ノルマルの一学生」と署名された、同日付の『ガゼット・デ・ゼコール』に掲載された投書であります。この記事を知る、そしてそれを私に知らせたすべての人々にとって、この投書はエコールの名誉を著しく傷つけるものであり、私もそれに対して何らかの措置をとらざるを得ない状況となりました。さらにその上、これらの学生たちは当初より積極的にこの記事を否定してきました。この全員一致の否認によって彼らの良心は高められましたが、それでも公正さや彼らの尊厳が満足されることはありません。

今日付の『ガゼット』の著者は彼らの否認を否定しておりますが、あらゆる点から考えて、私にはガロアがその投書の著者であることは明白であり、私はこの一人の罪の影響下に全エコールをこれ以上さらしておくべきではない、誰が真犯人か皆の知るところとなり次第一刻もその者と私が同じ屋根の下に居ることは不可能であると考えました。しかるに私は自分の責任においてこの者を放校処分としましたが、これは昨年を通じて、そして本年の初めより二十回にもわたって実行しようとしてきたことを、遅まきながら成し遂げたに過ぎません。

実際ガロアはその入学当初より、教授たちのみならず学生監督らも恒常的に苦言を呈するような唯一の学生でありました。しかし、私は彼の数理科学における議論の余地なき才能に幻惑され、私自身の彼に対する印象にも自信が持てませんでした。実際、今までにも私は彼に対する個人的な不満を持っていたのです。そんなわけで、私は彼のいびつな態度も、彼の怠惰も、彼の強情な性格も大目に見てきました。それは彼の道徳心を矯正できるという希望からではありません。むしろ、学生に期待する権利を有する大学から彼を奪うことなく、そして息子の将来に期待しているはずの一人の母親を悲しませることなく、二年間の学業を終えてもらおうと期待したに過ぎないのです。しかし私の努力もすべて徒労となり、私に向けられた数々の侮辱を軽蔑《けいべつ》するにいたりました。私は先の日曜日以来、彼の悪が矯正不可能であることを思い知るにいたったのです。この若者には少しの道徳的感情も、おそらくずっと以前からなかったものと思われます……

呆れてしまうくらいの特別扱いを受けて入学してきたガロアではあったが、どうやらギニョー校長にとっては決して快い存在ではなかったらしい。それでもなお、彼が数学の天才であるとの誉れ高いことから、苦々しくも手が出せなかったものと思われる。多分、ギニョー校長やその取り巻きたちは、ガロアが過激な共和主義者であることを深刻に受けとめていただろう。また彼が「人民の友社」の一員であるという、彼らにとってはまことに言語道断である事実をも知っていたと思われる。とすれば、何かうまい理由を見つけてガロアをエコールから追放したいとは日頃から考えていただろう。十二月五日掲載の投書がガロアによるものか否かについての確実な証拠がなかったことなど、彼らにとっては大きな問題ではなかった。ガロアが「否定しなかった」ということだけで十分だったはずである。

学友たちの反応

この翌日の十二月十日付『ガゼット・デ・ゼコール』には、エコール・ノルマルの学生有志による次の投書が掲載されている。

パリ、一八三〇年十二月十日

拝啓

エコール・ノルマルに属する学生である我々は、校長に対する外部からの非難を拒絶せんとするものではない。しかるに『ガゼット・デ・ゼコール』紙との長い論争に関わることを希望しないし、その侮辱に対して反駁《はんばく》せんとするものでもない。しかし、我々は我々のうちの一人が全エコールを代表すると主張し、我々の名において我々の証明するところの事実が虚偽であるとかゆがんだものであるとかを、不愉快な方法で主張せんとすることには強く憤りを感じる。我々はまた十二月五日付の『ガゼット・デ・ゼコール』紙に掲載された投書のごとき精神をまったく否定せんとするものである。斯様《かよう》の心情を共有するどころか、我々はむしろ熱意をもってこの機会にギニョー氏に、その在職中のすべての期間にわたって、そしてあのエコールにとって最も危機的な時期に我々の利害を守るためにとられた気高い毅然《きぜん》とした態度への感謝の意を表するものである。我々はここに、今日いたるところで窒息させられている思想の自由の享受を彼に負っていること、そして七月の最後の数日間における彼の行動は彼の報告にもあるように、それまでに彼がなしてきたことをくつがえすものではなかったことを主張する。貴紙が我々の中の一人からのあれほど性急な告発状を受け入れたからには、対する側からの抗議も同様に受領されることを、そして我々が法的な方法に強いて頼ることなく、この声明文を直近の号に掲載されることを希望する。

エコールに属する第二学級学生一同、事実の証言者この記事には十三人の学生の実名による署名が付されていた。彼らはエコールの人文科学系学生たちであったが、この記事のすぐ後には自然科学系の学生七名の署名のある短い追記がある。

我々第二学級の学生たちは、事実の目撃者ではないが、十二月五日付『ガゼット・デ・ゼコール』掲載の投書者が我々に求めている証言を拒否する。

もはや学校全体に広がっている大騒動の中で、残念ながらガロアは孤立無援であった。これに対するガロアの反応は、年の瀬も押し迫った十二月三十日に同じく『ガゼット・デ・ゼコール』に出ている。

仲間たちに告ぐ

名無しの投書、ただ「エコール・ノルマルの一学生」と署名された投書が我々の校長ギニョー氏について『ガゼット・デ・ゼコール』紙に掲載された。君たちは投書の著者が報告の事実について与えた説明に対して抗議するべきだと考えた。

君たちの抗議書はギニョー氏が単なる推測と彼自身の都合から、そしてずっと以前からの偏見から私を投書の著者としてエコールから追放せんとしていたことに対してのみ署名されていた。

ギニョー氏が不当にも我がものとするところのこの権利の是非について、最終的な判断を下すのは君たちでもないし私でもない。しかし以下のことを君たちは許してはならない。彼が私の放校の全責任を君たちに押し付けていること、そして学校を去るに際して私が君たちから受け取った親愛の情を目の当たりにした後に、彼はあえて私の放校処分に君たちが積極的な役割を果たしたと主張したこと。

確かに君たちは私の退学に先立ち、生活の糧を優先する必要から、あの〈正義の処置〉に訴え出た。そして我々の和を乱すものは何もなかったにもかかわらず、学生監督エベール氏の威光を借りて、私がこれ以上エコールに滞在できぬよう勧めたことも確かだ。しかし君たちはこれらの恥ずべき当てつけを拒絶した。仲間たちよ、行動を起こすのだ。私は私のためには何物も君たちに要求はしない！　しかし君たちの名誉のために、そして君たちの良心にしたがって発言する。君たちがあの投書の著者に押し付けたかのように思われるその責任を、君たちは拒否した。嘆かわしければこそ今、沈黙はより強力な理屈の援助者だという命題を否定せよ。私は大臣が放校処分を決定するまでは君たちの学友であり、そして生涯君たちの忠実な仲間である。

E・ガロア

翌年一八三一年一月四日の教育省王立評議会で、正式にガロアの放校処分が決定された。ついにガロアは学生という身分ですらなくなってしまった。ガロア十九歳、その死まではもうあと一年五ヶ月というときである。

# 第六章

# 一八三一年——獄舎の中で

## 1　三度目の論文

七月体制初期のパリ

七月革命の〈栄光〉とは裏腹に、革命後のルイ・フィリップ治世初期は暗雲の深みに覆われていた。すでに七月革命の〈影〉の部分が次第に明らかになってきたのである。ドーミエの『七月の英雄』が描く戦士、七月革命を勇敢に戦った民衆戦士は満身傷つき、質札で結い合わせたようなボロボロの外套《がいとう》を身にまとってセーヌ河に身投げしようとしている。

七月王政は王党派と共和派の両方から、いわば過去と未来の両側からの攻撃に対して微妙な平衡状態を保たなければならなかった。カトリックの聖職者は聖服を着て街を出歩けなかった。それと同時に労働者や学生たちからなる共和主義者も弾圧された。一八三一年はこうした不穏な喧騒《けんそう》の中に始まる。

一八三一年と一八三二年とは、七月革命に直接関係ある年で、史上最も特殊な最も驚くべき時期の一つである。この二年は、その前後の時期の間にあたかも二つの山のごとくそびえている。革命の壮観があり、断崖《だんがい》が見えている。社会的集団、文明の地層、重畳し粘着せる権利関係の強固な団結、古きフランスを形成する年経たる相貌《そうぼう》、それらが各瞬間ごとに、種々の体系や熱情や理論の乱雲のうちに、そこに明滅している。それらの出現や消滅は、抵抗または運動と名づけられた。そして間欠的に、真理が、人類の魂の日光が、そこに輝き出すのを見ることができる。

（『レ・ミゼラブル』（三）、一七二頁）

ドーミエ（1808-1879）『七月の英雄』

その中にあってルイ・フィリップは、多分西洋近代史上でもまったく特異な人格をもって治世を行っていた。ルイ・フィリップは善良な人間だった。ユーゴーも言っているように、王位こそが彼の人間的価値を落とすものに他ならなかった。時として嘆賞すべきほどに善良だったと言われるルイ・フィリップも、しかし共和主義者たちにとっては忌むべき敵だったのである。フランスはまたしても恐るべき分裂を擁していた。パリの民衆は再び騒擾《そうじょう》の火種を熟成し始めていた。その舞台はパリの市壁の外に建ち並んでいた「関の酒場」であり、バスティーユ広場からトローヌ門にかけて居酒屋が多く建ち並んだフォーブール・サン・タントワーヌ通りであり、日雇い労働者たちが多く集まる場末であった。

一八三一年末からパリ警視総監として、この極めて物騒な時代にパリの治安維持の責任者であったアンリ・ジョゼフ・ジスケは大変難しい立場にあったと言える。パリの騒擾が社会に危険をもたらすことは明らかでありながらも、それが単なる一企業のストライキにとどまっている間は公権力の介入は禁物であろう。しかしながら、当時の関の酒場や共和主義者たちがたむろする場末の居酒屋は、小さなストライキが全労働者を巻き込んだ大騒乱へと発展する結節点となっていたのは、先にも述べた通りである。特に共和主義者の煽動《せんどう》によって、これらの民衆運動が突如として政治闘争に変質してしまうことが、ジスケにとっては最も恐れるべき事態であったのだ。当然のこととして、ジスケは「人民の友社」のような共和主義団体に対する弾圧を強めることになる。彼はこれら共和主義組織に対して執念深い敵対意識を持っていた。

もちろん、こればかりがこの頃のパリを特徴付ける光景だったわけではない。復古王政期の経済的安定を背景に台頭してきた富裕ブルジョワ層は、ルイ・フィリップ体制のもとで我が世の春を謳歌《おうか》し、工業の近代化への道はさらに彼らの富を豊かにしようとしていた。彼らのサロンでは、その頃パリに集まってきていた新進気鋭の若い音楽家たち、例えばショパンやリストといった人々が演奏していたであろう。「ピアノの魔術師」と呼ばれ、指が六本あるのではないかと囁《ささや》かれていたリストはその並外れた演奏技巧を披露していたし、ショパンはこの頃二つのピアノ協奏曲を成功させ、ピアニストとしても作曲家としても次第に名声を博していった。文化的にはいわゆるロマン主義が次第に富裕ブルジョワ層の支持を得ていった時代である。ユーゴーの「エルナニ事件」があったのは前年の一八三〇年であったし、絵画の世界では前出のドラクロアが活躍していた。後に「芸術の都」と呼ばれるパリの、豊かで重層的な文化が次第に形成され始めていた時代である。

しかし、このような文化都市としてのパリが、ガロアが日々生活しているパリなのではなかった。彼の姿は、あるときはシテ島やパリ市庁舎付近のドヤ街にあり、あるときはフォーブール・サン・タントワーヌ通りにあった。労働者たちと、そして共和主義者たちと行動をともにするようになっていたのだ。政治問題に目覚めた場末の労働者と、それを取り締まるために弾圧を強めていく警察組織、そしてストライキや暴動への動きがやむ気配のない不穏で物騒な社会。これらが特徴付ける光景の中に、ガロアはいたのだ。

## ガロア数学塾

エコール・ノルマルを放校となったガロアにとって、とりあえず喫緊の課題は経済問題である。エコールの学生であった頃に政府からもらっていた給付金が断たれてしまったからだ。数学の知識と才能であった。世界中で自分しかその全容を知らない広大な数学の見識、とりあえずこれだけが世の中を渡っていく上での彼の武器なのである。そこでガロアは『ガゼット・デ・ゼコール』紙に広告し、数学の私塾を開くことにした。

……この講座は、コレージュで教わる代数学では満足せず、この分野をさらに深めようという若い人々を対象としている。この講座ではいくつかの新しい理論や、これまでいかなる公開の講座でも取り上げられることのなかった理論が授業される。ここでは虚数の新理論、べき根で解ける方程式の理論、数論、および純粋代数による楕円函数《だえんかんすう》の理論などが扱われる。

ガロアのこの数学塾はソルボンヌ通り五番地のカイヨ書店で行われたということだ。第一回目の講義は新年早々の一月十三日であった。当時のソルボンヌ通りは現在と同じく、ソルボンヌ大学の校舎を挟んでサン＝ジャック通りと並行に走っている。しかし現在では番地の付き方が変わっていて、当時のソルボンヌ通り五番地は、現在ではソルボンヌ広場からパンルヴェ広場に下る坂道のほぼ中間の東側に位置していた。オスマンのパリ大改造以降の改築によって、このあたりの街路図は、今では当時のものとは異なってしまっている。当時はソルボンヌ大学に隣接した区画の一角にカイヨ書店があったが、現在ではこの区画までソルボンヌ大学の敷地が延長されている。したがって、ガロアが数学の新理論を講義したという場所——数学史マニアなら垂涎《すいぜん》の的であろうその記念すべき部屋——は、今では完全に失われてしまっている。

そういうわけで、今となってはガロアによるこの講座がどのくらいの広さの部屋で、どれだけの人数の聴講者を集めて開かれたのかを推察することは難しい。デュピュイによれば、少なくとも第一回目の講義には四十名ほどの聴講者が来ていたという。このときのガロアの講義のノートが現在までまったく残っていないことが返す返すも残念だ。ここでガロアが語ったであろうことは、今の我々から見ても——単に歴史的興味という立場からだけでなく——興味あるものだからである。「虚数の新理論」と言っているのは、前年の六月に出版された『数の理論について』の内容のことだったと考えられる。特にガロアによる楕円函数の取り扱いについては遺稿の中にも残っているものが少ないので、講義で話されたであろう内容は非常に興味深いものであったに違いない。それでなくとも、なにしろその塾は〈ガロア数学塾〉なのだ。そんな歴史的に重要な大事件が、パリの街角の一角で密《ひそ》かに行われていたのである。この講座がその後いかなる経緯をたどったかについては、あまりはっきりとした資料がない。多分長続きはしなかったであろうという点で、後世の伝記作家たちの意見は一致している。遺憾ながら筆者もそう思う。内容が少々高度過ぎることもあるが、デュピュイが言うように、彼の政治活動が次第に活発になってきたことが原因だろう。

## アカデミーへ再々提出

その一方で、一月十六日までにガロアは代数方程式の代数的可解性に関するアカデミー提出論文、実に三回目となる提出のための論文『べき根による方程式の可解性について（Mémoire sur la résolubilité des équations par radicaux）』（後にタイトルは『…可解性の条件〔conditions〕について』と改められる）を仕上げている。今までにも述べてきたように、ガロアはこの内容――後年「（代数方程式の）ガロア理論」として数学史を根底から塗り替えることになる大理論――に関する論文を、すでに一八二九年からアカデミーに提出していた。一つ目の論文はコーシーに提出し、多分コーシーの説得によって引っ込めたと思われるが原本は散佚《さんいつ》している。コーシーの勧めによって一つ目の論文を修正した二つ目の論文は、アカデミー数学論文大賞へ応募のため前年の二月にフーリエに提出されていたが、フーリエの突然の死もあって、これも散佚していた。ここでガロアが、このタイミングで三度目の正直を狙った背景には何があるのだろうか。タトン（Taton, 1983）は次のように分析する。

前述のように教育省王立評議会においてガロアの放校処分が正式に決定したのは、この年の一月四日のことであった。この会議にはアカデミー数学会員のシメオン・ドニ・ポアソン（一七八一―一八四〇）がいた。彼は前年のアカデミー数学論文大賞の五人の審査員のうちの一人であったので、ガロアのことを知っていたらしい。この評議会の場でポアソンとガロアは初めて顔を合わせたと思われるが、オーギュスト・シュヴァリエの証言によれば、この会議の後ポアソンがガロアに近付き、前年に散佚してしまっていた論文をもう一度書き直して、またアカデミーに提出するよう勧めたらしい。コーシーに提出した第一回目のときと同様に、ここではポアソンが論文の査読を引き受けると約束したということである。ガロアにとって、これは〈いい話〉であったことは疑い得ない。コーシーの亡命によってアカデミーの中での

シメオン・ドニ・ポアソン（1781-1840）

自分の一番の支援者を失っていた矢先である。ガロアは早速この話に飛びつき、二週間ほどかけて新しい論文を仕上げたのであった。

ガロアがこの内容について三回目のアカデミー提出のために書いたこの論文は、まことにありがたいことに現存している。そしてこれこそが後年、ガロアの理論がリューヴィルによって発掘され、その重要性が認識される端緒となった論文なのだ。論文の冒頭には、次のような序文が付けられている。

ここに添付する論文は、一年前にアカデミーに提出する名誉に浴した仕事の抜粋である。この仕事は未《いま》だ理解されておらず、ここに収録した命題も疑いを差し挟まれているような状態なので、私はここに総合的な形式をもって、その一般的な原理と理論の応用を一つだけ収録するにとどめた。論文の審査員の方々には、少なくとも注意深くこの数頁を読んで頂くようお願いしたい。

我々はここでべき根で解けるすべての方程式が満たす、そして逆にその可解性を保証する一般的な条件を述べる。そして次数が素数である方程式への応用を、ただ一つの応用として述べる。この概要によって与えられる定理は次のものである。

「素数次数の既約方程式がべき根で解けるための必要十分条件は、その根の中から二つの根を任意に選ぶと、他の根はこれらに関する有理函数で表されることである」

他の応用はどれも同じくらい特別なものである。そのためにはさらに数の理論を導入する必要があるし、また特殊なアルゴリズムを使う必要がある。これらについては別の機会に述べることにしたい。それらは、べき根によっては解かれないことが示される、楕円函数論におけるある種のモジュラー方程式と部分的に関係している。

一八三一年一月十六日

E・ガロア

この序文に収録されている定理——それはすでに一八三〇年四月に発表された『方程式の代数的解法についての概要』の中にも証明なしで述べられていた——は、そこにも述べられているように彼の理論の一つの応用でしかない。この論文の中で論じられているガロアの理論の真骨頂はこの定理だけにあるのではなく、それを導く上でガロアが用いた原理にある。そうであっても、ここに述べられた定理だけでも大変破壊力のある結果なのだ。なにしろそこから五以上の素数を次数とする一般方程式はべき根によっては解かれないことが導かれるからである。ルフィニによって初めて見出《みいだ》され、アーベルによって完全な証明が与えられた「一般五次方程式の代数的非可解性」は単なる特別な帰結となってしまうのだ。

また序文にも述べられているように、この三度目の論文は、彼が一年前に書いた論文——アカデミー大賞への応募論文——の抜粋でしかないという。とすれば、この一年前の論文こそがより完全なものであったということになりそうだ。フーリエの突然の死によるとされているこの論文の散佚が返す返すも悔やまれる。

提出直後の経緯

この論文はガロアの理論が後世に伝えられる上で極めて重要な役割を果たしたものなので、後で簡単に概観しようと思うが、とりあえずこの論文がアカデミーに提出された直後の出来事について、わかっている限りのことを書いてみよう。

論文は一月十七日に約束通りポアソンに届けられた。査読に関わったのはポアソンとラクロアである。それからしばらくガロアの元には査読の推移に関して何の音沙汰《おとさた》もなかった。しびれを切らしたガロアは早くも三月三十一日にアカデミー総裁宛に、論文の審査状況について問い合わせの手紙を書いている。

総裁閣下

ラクロア氏とポアソン氏が三ヶ月来たずさわっているはずの方程式論の論文に関して、お二人に問い合わせることが彼らの気を悪くさせせないことを願います。

この論文に収録されております諸結果は、私が数学大賞への応募のために昨年提出いたしました仕事の一部をなしているものです。ここで私は与えられた方程式がべき根によって可解であるか否かを、あらゆる場合に判断する基準を与えたのであります。この問題が幾何学者たちには不可能とまではいかないにしても、極めて難しい問題であったために、審査員たちはそもそも私に解けたはずがないと、第一に私がガロアと名乗り、第二に私が学生であったという理由で判断されてしまいました。そして私はその論文が散佚してしまったと知ったのです。このような教訓はもうたくさんです。しかしながら私はアカデミーの名誉ある会員の勧めにより、論文を部分的に書き直しお届けしたという次第です。総裁閣下、ご覧の通り私の研究は、今日まで〔解決不能な〕求積法のような状況を甘受していたのです。こんな類《たぐ》いのことはもう最後でしょうか？　総裁閣下、ラクロア氏とポアソン氏をして私の論文を〈紛失〉したのか、それともアカデミーの紀要に掲載する意図がおありになるのかはっきりさせて頂くことで、私の不安を取り除いて頂きたく存じます。

総裁閣下、貴殿を崇拝する奉仕者にご高配頂けますことを。

E・ガロア

あまり上品な手紙とは言えないのではないだろうか。手紙の向こうに透けて見えるガロアは極度に苛立《いらだ》っているようだ。もちろん、今までの経緯を思えばガロアの心配は理解できる。「求積法のような」という喩《たと》えには、円の面積のように有理数をもってしてはいつまでたっても近似でしかない。正確な値には絶対にたどり着けない宿命的な不可能性とでも言い得るような感触が込められているのであろう。どうしてもうまくいかないという彼の内面の無力感や苛立ちが感じられる。

この手紙にあるような彼の希望が、査読者たちに伝えられたかどうかは定かではないが、彼らは論文をちゃんと紛失せずに読んでいた。論文の査読の結果が報告されたのは、それから三ヶ月後の七月四日のことである。

ラクロア氏とポアソン氏は、ガロア氏の『べき根による可解性条件』の論文について以下のような報告をした。

本論文に述べられている筆者の目的は次にあげる定理の証明を与えることである。「素数次の既約方程式がべき根で解けるための必要十分条件は、根のうちの二つを任意にとったときに、他の根はそこから有理的に得られることである」……

(Taton, 1947, p.120)

報告の冒頭のところを読んだだけでもちょっとびっくりしてしまう。ポアソンらによる報告では、右の定理がガロアの論文の「目的」であるとされてしまっているのだ。ところが前にも述べたように、ガロアの論文の主題は、与えられた代数方程式がべき根で解けるか否かを判定するための〈一般的な原理〉を示すことにあり、右の定理は単にその一つの応用に過ぎないのであった。これは序文には明確に述べられていることであるが、もしそうでなくとも、論文の本文の流れから（たとえ内容の詳細まで理解できなくても）十分に把握できるはずのことである。査読に主に関わったと思われるポアソンは、確かに代数学の専門家であったとは言えないかもしれない。しかし、前年のアーベルとヤコビの楕円函数論についての彼の報告は、この分野の数学に関する彼の見識の深さを物語っている。査読者として不相応であったとは思えない。その彼が論文の詳細についてならいざ知らず、そもそも論文の目的を把握することに失敗している。これは驚くべきことだ。ポアソンの読み込みの浅さは否めない。

ポアソンとラクロアによる査読報告はさらに続く。彼らはアーベルの死後出版された論文の中で証明されている次の定理を引き合いに出す。

「素数次の既約方程式がべき根で解けるための十分条件は、根のうちの二つを任意にとったときに、他の根はそこから有理的に得られることである」

先ほどのガロアによる定理との違いは、ガロアの定理の中では「必要十分条件」とされていた部分が、アーベルのこの定理では単に「十分条件」とされている点である。その上でポアソンとラクロアは、ガロアがこの条件を「十分」なだけでなく「必要」条件としていることに疑義を唱える。アーベルの論文を読んでみると、実はこれが必要条件ではないらしいことがわかるというのだ（もちろん彼らも断言はしていない）。つまり、ポアソンとラクロアは、ガロアの定理が正しくないのではないかという疑問を呈しているのである。

さらに彼らは、ガロアがべき根で解けるための条件を求めているということそのものにも嚙《か》み付いている。〈条件〉というからには、与えられた方程式そのもの——あるいはそこから構成される様々な分解式（根にいたるための補助的な方程式）——から判断できる形でなければならない。しかるに、ガロア氏による〈条件〉は当該方程式の「根」に関する条件であり、方程式そのものから判別できる種類のものではないというのだ。この点は先にラグランジュの仕事に関して述べた〈根を用いて〉解法のパターンを探るという点とも関わるが、ガロアによるより深い着眼点にも関係するので、後でもう少し詳しく検討しよう。

以上のような疑義を踏まえて、彼らの報告は次のように断じる。

……何はともあれ、我々はガロア氏による証明を理解するため、我々のでき得る限りのすべての努力を注いだ。しかし、彼の論法は十分に明快とは言えず、また十分に発展させられてはいないので、その正確さを判定することはできず、またこの報告において何らかの見解を述べることはできない……

その上で彼らは著者であるガロアに、より完全で明快な論文を改めて書くことを勧めた後、この論文の出版を支持することはできないと結論付けている。つまり彼の論文は拒否《リジェクト》されたのである。

## 2　「ルイ・フィリップに乾杯！」

### 国家警備砲兵隊

ガロアの一八三一年における政治活動について述べるために、ひとまず前年一八三〇年十二月後半の出来事に戻る必要がある。前章で見たように、この年の十二月九日にガロアは校長から放校処分を言い渡される。ガロアの放校が正式に決まるのは年が明けた一月四日のことであったが、ガロアは即座にエコールを去った。そしてその直後、多くの共和主義者たちを抱えていた「国家警備砲兵隊」に入隊する。国家警備砲兵隊にはガロアの属する「人民の友社」のメンバーが数多くいたので、彼も同僚とともに〈闘う〉ために、勧められるままに入隊したのだと思われる。実はこの国家警備砲兵隊は、ガロアが入隊した直後の十二月三十一日には、ルイ・フィリップによって解散させられてしまうのであるが、そのあたりの経緯は次のようなものだった。

十二月二十一日、パリは騒然としていた。復古王政期の四人の閣僚たちが国家反逆罪に問われる裁判が行われていたのだ。民衆はギロチンによる処刑を望んでいた。しかし判決は終身刑となった。このときパリの一角ではちょっとした騒動が起こったのである。

その日、裁判が行われている最中に、ガロアを含めた国家警備砲兵隊の隊員たちはルーヴル宮の中庭（Cour Carrée）に集結していた。民意に反して終身刑の判決が下されようものなら、ただちに蜂起《ほうき》するつもりである。しかし彼らはすぐに軍隊にとり囲まれてしまった。終身刑判決に怒った労働者たちは次々にルーヴル宮に集まってきたが、宮殿をとり囲んでいた軍隊が彼らと砲兵隊との合流を阻止したのである。遠くで一発の砲声が聞こえたとき、両者の緊張は頂点に達したが、結局のところ暴動にまでは発展しなかった。

翌日もパリ市内の緊張は収まっていなかったが、ラ・ファイエット将軍が平和と秩序を呼びかける布告を行ったため、次第に事態は収拾されていった。しかしこの事件を機に国家警備砲兵隊は十二月三十一日をもって解散させられることになる。それだけでなく、このときの事件の首謀者格だと目された十九人の砲兵隊員――その中にガロアは入っていなかった――が、ルイ・フィリップに対する陰謀や、武器を民衆に配ろうとした疑いで逮捕された。

十九人の逮捕者のうちの三人は逮捕の数日後に釈放されたが、残りの十六人は起訴された。一八三一年四月に行われたこれら十六人の元国家警備砲兵隊員に対する裁判は、当時多くのパリ市民の注目を集めた。多くの人々が裁判を傍聴しようと、セーヌ県の巡回裁判所に詰めかけた。裁判はさながら政府当局と共和主義者たちの政治対決ショーであり、共和主義者たちにとっては格好のプロパガンダとなった。すでに高齢のラ・ファイエット将軍も被告側の証人として出廷し、被告側出廷人たちの温かい歓迎を受ける。弁護側の巧妙な弁論とラ・ファイエットら多くの影響力大な証人の介添えで、裁判は結局被告全員を無罪として幕を閉じた。十六人の被告たちは即刻釈放され、民衆の英雄として熱烈な歓迎を受けた。

こうして裁判は結局、共和主義者たちの勝利に終わった。しかし、彼ら共和主義者たちに対する政府や警察当局の高圧的態度は明らかであった。確かにまだこの段階では、共和主義運動家としてのガロアはそれほど目立った存在ではない。警察もまだガロアを深刻な厄介者とは見ていなかったであろう。しかしこの数ヶ月後、ついにガロア自身が警察のご厄介になってしまうような事態が起こるのである。

## 乾杯事件

釈放された同志たちの栄誉を讃《たた》えるため、五月九日には共和主義者たちによる大規模な宴会が催された。場所はベルヴィル地区フォーブール・デュ・タンプル通りに面した居酒屋オ・ヴァンダンジュ・ド・ブルゴーニュ。この宴会は非常に大きなもので、二百人もの共和主義者たちが一堂に会したという。パリ市内の共和主義者たちがこれほど多く一度に一つの場所に集まったことは、かつてなかったと思われたほどだ。そしてこの大宴会の場でガロアがとんでもないことをやらかすのである。

宴会が始まるとマラストが立ち上がり祝辞を述べ乾杯、ラスパイユとユベールがそれに続き、それぞれに乾杯を唱和した。他の参加者たちからも「十九名の英雄たちに乾杯！」「共和国に乾杯！」などの声。なかには「一七八九年（フランス革命勃発《ぼっぱつ》の年）に乾杯！」とか「一七九三年（ルイ十六世が処刑された年）に乾杯！」や「ロベスピエールに乾杯！」というものまであったようだし、今年も前年同様の革命をやるぞ、という意味にもとれる「一八三一年七月の太陽に乾杯！」というものもあったようだ。

宴会の雰囲気はいやが上にも盛り上がる。

ガロアもこの宴会に参加しており、長テーブルの端の方に腰掛けていた。宴会が最

高潮に盛り上がった頃、ガロアは突然立ち上がり

「ルイ・フィリップに！」

と叫んだ。

共和国や共和主義、またはそれに関わりのある人々に乾杯するならわかる。しかしルイ・フィリップは、言ってみればガロアを含めた彼ら参加者たちにとっての敵だ。その敵側の人、それもよりによって国王に向かって「乾杯！」というのである。その場に居合わせた人々は一瞬何が起こったのかわからなかっただろう。

しかし、そう叫んだガロアが手にジャック・ナイフを持って振りかざしているのを見たとき、彼らは血相を変えた。その象徴的な意味は一見して明瞭《めいりょう》であった。ガロアは「ルイ・フィリップに死を！」と叫んでいると思われたのだ。彼の意図はどうあれ、周囲の人々はそのガロアのジェスチャーを「国王を暗殺せよ」という意味に受け取った。彼ら共和主義者たちにとって確かにルイ・フィリップは憎い。彼の施政は弾劾されるべきである。しかしその彼らも、この善良な君主を暗殺しようとまでは思っていなかった。政府を転覆させることを望んではいたが、往年の恐怖政治の悪夢が再来してしまうような過激なことまでは考えていなかった。しかるに今、結社の若いメンバーが突然目を血走らせて、ナイフをこれ見よがしに高々と上げ、「ルイ・フィリップ

を暗殺せよ！」と言ってもよい過激なジェスチャーをしたのである。

大盛り上がりの宴会は、一転して大混乱の修羅場と化した。十九人の同志たちの祝勝会だった宴会は、傍目《はため》には国王暗殺を謀議する過激な決起集会と見られる恐れが生じた。それでなくとも宴会の中や会場周辺は、政府のスパイが潜入しているかもしれない危険な場である。ガロアは周りの仲間たちに取り押さえられ、その口は塞《ふさ》がれようとしたであろうが、たけり狂ったガロアも散々抵抗したであろう。宴会は大騒ぎになってしまった。

実はこの宴会には大アレクサンドル・デュマ（一八〇二―一八七〇）がいた。『三銃士』や『モンテ・クリスト伯』で有名な、あの大デュマである。彼はその回想録の中でこのときの出来事を記している。それによると、彼は「ルイ・フィリップに！」という声を聞いた瞬間、ある若者がグラスとナイフを振りかざしているのを目にした。その若者こそガロアであった。彼はその場に居合わせたすべての参加者と同様に、即座にその〈意図〉を理解したという。これは雲行きがおかしくなりそうだと彼はすぐさま悟り、一緒に宴会に参加していた王立劇場の俳優とともに窓を乗り越え、その場を急いで立ち去ったということだ。それほどまでに雰囲気は一瞬にして危険なものになっていたのである。

しかもこの日、一八三一年五月九日は月曜日だった。関の酒場で労働者たちが痛飲し、いつ騒ぎが起こってもおかしくない、あの「聖月曜日」だったのだ。そして宴会会場のすぐ近くにはベルヴィルの市門がある。労働者たちによる騒擾の火種は、すぐそこにあった。ガロアが引き起こした騒ぎがそこまで引火してしまっていたら、それこそ大変なことになっていた可能性もあったのである。ちょっとでも賢明な人だったら、大デュマのように、大騒ぎになる前にその場から逃げ出すにしくはないと考えただろう。せっかくの宴会はぶち壊しとなってしまった。

翌日、ガロアは自宅にいるところを警察に踏み込まれ逮捕された。逮捕容疑は「フランス国王の暗殺を煽動」したというもの。前日の共和主義者大宴会の模様は、すべて警察には筒抜けだったのである。

## 公判

ガロアは起訴され、六月十五日に公判が開かれた。この公判の模様についてはリガテッリが詳しく述べている。(Rigatelli, pp.85ff)。裁判長ノンダン氏によるガロアに対する尋問は、まずこの集会の趣旨に関することから始まり、ガロアの座席の位置や、ガロアによる「ルイ・フィリップに！」という発言の前に誰がどのような発言をしたかといった、当時の状況に関するものへと進んだ。裁判長の「被告はジャケットからジャック・ナイフを取り出して『ルイ・フィリップに！』と言ったのか？」という質問に、ガロアは次のように答えている。

「ことの真相はこうです。私は食事のときに使うためにナイフを持っていました。そのナイフを振りかざして言ったのです、『ルイ・フィリップに！　もし彼が我々を裏切るならば！』これらの言葉は、私のそばにいた数人にしか聞きとれなかったでしょう。最初の言葉から、ルイ・フィリップのために乾杯しているのだと勘違いして、みんなが口笛を鳴らして騒ぎ始めたからです」

ガロアのこの証言に、裁判長は驚愕《きょうがく》した。国王が裏切り者になる恐れがあると思う理由は何か？　裁判長は、さらにガロアを問いただした。

「……ルイ・フィリップが国民を裏切るかもしれない、と考えること自体は理に適《かな》ってます。彼は我々に十分な保証を与えてはきませんでした……国王の行動は、確かにまだ悪意の顕《あら》われたものではありませんが、彼の誠意に対して疑念を抱かせます。その一つの例が、彼の即位にまつわる陰謀的背景です」

ことが国王の〈陰謀による即位〉の話になってしまうと——多分、それがある程度真実であったからこそ——話はとんでもない方向に行ってしまう。これはマズイと、ガロア側の弁護人で「人民の友社」の会員でもあるデュポン氏はこれ以上の尋問を拒否した。

それはそうとしても、なかなか巧妙な言い訳を考えたものだ。「ルイ・フィリップに！」という言葉には、実は続きがあったというのだ。それは「もし彼が我々を裏切るならば！」というものだったが、突然周囲で巻き起こった騒ぎの声に、この肝心の部分はかき消されてしまったという。そして、ルイ・フィリップが裏切るようなことがあるかもしれぬ、と考えるだけなら罪ではないと居直っている。

次に裁判の論点は彼が持っていたジャック・ナイフに移った。ナイフ製造業者アンリ氏の妻が出廷し、事件の数日前の五月六日に十四フランで購入したものだというガロアの証言を裏書きした。

続いて検察側の証人たちが呼ばれる。ガロアによる「ルイ・フィリップに！」という発言や、手にナイフのようなものを持っていたことなどが証言され、問題の「もし裏切るならば」という部分は聞きとれなかったとした。しかし彼らもこの部分が発言されなかったとは断定できなかった。居酒屋のウェイターたちも証言台に立った。彼らは当時の会場の雰囲気などを具体的に証言したが、給仕に忙しかったこともあり、詳しいことは証言できない。事件当時ガロアの近くに座っていた人たちも「ルイ・フィリップに！」ははっきり聞こえたが、その直後に巻き起こった大騒ぎのせいでその後の言葉は聞こえなかったとした。薬学生のビラールは次のように証言している。彼らはそのとき誰かがルイ・フィリップに対して乾杯したらどんなことになるだろうかと話し合っていた。するとガロアが「ルイ・フィリップに、もし彼が誓いを破るなら！」と発言しようと言い出したというのだ。ユベール氏とラスパイユ氏も弁護側の証人として証言台に立った。

検察側の最終弁論では、この共和主義者たちによる宴会が公的なものだったのか、それとも私的なものだったのかが問題とされた。理屈の上ではこの宴会は私的なものであったが、この宴会の模様は外からも見ることができたし、そこで話されたことは外にも聞こえていた。その意味では公的な性格もあるのではないかというのだ。そもそも居酒屋というのは法律上は公的な場所である。その意味では、この宴会には民衆を国王暗殺に煽動しようという意図もあったのではないかと疑われたのだ。

公判の最後に、ガロアは発言を許された。

「検察官の犯したいくつかの間違いについてお答え致します。まず、私の予審での受け答えや『もし裏切るならば』という発言の脱落について彼は異議を唱えました。正直なところを言うと、監獄の中で三、四ヶ月過ごすくらいなら予審判事の言うことに屈した方がましだと思っていたのです。その上白状しますが、私の行いのなかには多少のからかい半分もあったでしょう。私の中に陰謀家を露骨に認めたときの警視の喜びようをあなた方は想像できないでしょう。もうちょっとで大成功というところでしたね。しかし今となっては、自分の誤りに気付いているに違いありません。検察官が王は裏切ることはあり得ないと言ったことを、私はそのまま見過ごせません。今日日、王が完全無欠だなんて愚かにも信じる人なんて誰もいません。シャルル十世の頃に王が過ちを犯すと発言したという容疑で我々を訴追したであろう裁判官たちが、その失脚した王の愚かさから王位をとって代わった別の王に宣誓するにいたって以来はなおさらです……」

なかなか不敵な発言である。その上ガロアはさらに語調を強め、まるで法廷を侮辱するような内容のことまで発言し始めた。弁護士はガロアを制し、宴会が公的なものだったか私的なものだったかに議論の的を絞るように、そしてそこで語られたことはすべて私的なものだったということに焦点を限定するよう促した。

ガロアの不敵な発言が功を奏したかどうか、あるいは「もし裏切るならば」の脱落という弁護側の主張が通ったのか、いずれにしても陪審員の評決は「無罪」であった。

ガロアは判決に驚く様子もなく、証拠品として並べられていたジャック・ナイフをはじめとした様々の持ち物をポケットに収めて、黙って法廷を後にした。
裁判には勝ったが、しかし、この事件によって彼は完璧《かんぺき》に〈危険人物〉と目されるようになった。警察当局によって、最も危険な人物としてマークされる存在となったのである。

## 3 獄舎の中で

### 再び逮捕

深い考えがあってのこととは思えない無鉄砲な行動によってガロアは捕らえられ、起訴され、そして釈放された。この程度のことではガロアは懲りない。自分が警察にマークされていることは十分承知していただろう。しかし、だからといって、ガロアが自らの行動を自制していたとは到底思えない。その後の彼の行動にも、ほとんど自暴自棄とも思えるような無鉄砲さが目立つ。

この頃の「人民の友社」の、特に若い会員たちは、しばしば警察を挑発するかのような過激な街頭行動を起こしていた。いつでも民衆暴動を起こしてやるぞといきり立っていたのである。オ・ヴァンダンジュ・ド・ブルゴーニュでの〈乾杯事件〉が起こる二ヶ月ほど前、三月十一日には「人民の友社」の若者たち三十余名がパンテオンを襲撃し、フォーブール・サン・タントワーヌ通りを行進、警官隊と激しく衝突し双方にけが人が出る騒ぎがあった。

七月十四日の革命記念日には、共和主義者たちによる大規模な政治行動が企画されていた。パリ市庁舎前のグレーヴ広場に「自由の木」を植樹しようというものだ。騒ぎが起こるのを予知した警察はすでに前日、ガロアなどの危険分子を拘束するため彼らの住処《すみか》を奇襲したが、危険を察した彼らはその夜は家には帰っていなかった。しかし翌日、ガロアと友人のデュシャートレは、今や解散していた国家警備砲兵隊の制服に身を包み、六百人ものデモ隊を先導していた。警察の目が光るポン・ヌフを渡ってセーヌ右岸に入ろうとしたとき警官隊と衝突、デモ隊は四散しガロアとデュシャートレは逮捕された。解散した砲兵隊の制服を着ていたこと（これは違法だった）が直接の容疑となり拘束されたわけだが、要するにその意図は予防拘禁に他ならない。どんな微罪でも、とにかく何か理由を付けてガロアを拘束するべきだと思われたのだ。しかしガロア自身もこのときピストルやナイフで過重に武装していたので、警察が拘束しなかったら本当に危険なことをしでかさないとも限らない状況だった。それでなくとも街頭での騒擾や暗殺などが日常的に蔓延《まんえん》していた物騒なパリの状況である。街の治安を預かる警察の立場からすれば、この程度の措置は仕方がないかもしれない。

### サント・ペラジー監獄

共和主義者ガロアの逮捕は、翌日の新聞にも一面で大きく報道された。彼は、すでに五月の乾杯事件のときにも拘留されていたサント・ペラジー監獄に、囚人番号一五三四八として再び収監される。ガロアと一緒に収監されたデュシャートレは牢屋《ろうや》の壁にルイ・フィリップがギロチンにかけられようとしている落書きを描き、さらにその上「フィリップが祭壇に頭を乗せようとしている、自由よ！」などという物騒なサブタイトルを付けたので、彼らの獄舎での状況はさらに悪くなった。デュシャートレの予審が先に行われることになったので、ガロアの予審は遅れに遅れ、最初の公判は十月二十三日にようやく開かれる。ここにもある意味、危険なガロアをできるだけ長く拘束しておきたいという当局の思惑が見え隠れしている。

サント・ペラジー監獄はフランス革命勃発直後の一七九〇年に、主に政治犯を収容するための監獄として設置された。革命当初は王党派の首領たちが収容されたが、王政復古以後は逆に共和主義者たちを拘留しておく格好の場所となっていた。サント・ペラジー監獄はその後一八九五年に閉鎖され、現在では残っていない。その建物も当時この付近に集中して行われた都市改造に伴いとり壊され、二十世紀初頭までに新しい建物にとって代わられている。

パリ地下鉄7番の「モンジュ広場（Place Monge）」駅で下車し地上に出ると、モンジュ広場という小さな広場がある。パンテオンを戴《いただ》くサント・ジュヌヴィエーヴの丘のリュクサンブール公園側から見た反対側の中腹に位置し、すぐそばには小さなレストランが数多く軒を連ねるムフタール通りがある。広場の名前はもちろん、第三章で既出の数学者ガスパール・モンジュの名をとってつけられた。広場のわきにはモンジュ通りが走っており、その通りを挟んだ向かい側の敷地一帯が十九世紀当時サント・ペラジー監獄のあったところだ。

ムフタール通りは、現在でこそパリのB級グルメを目当てに多くの人々が集まる有名な観光地となっているが、十九世紀前半当時のムフタール通りやその周辺はパリでも名だたる貧民街であった。バルザック『ゴリオ爺さん』のヴォケェ館があったのは、このすぐ近くである。サント・ペラジー監獄を中心とした一帯、東は監獄に隣接する植物園周辺から、西にはムフタール通り周辺までの地区、当時の区分けで十二区（現在では五区）ジャルダン・デュ・ロワ街区の当時の衛生状態を報告したアンリ・バイヤールは述べている。

……この街区の西側のサン‐ジャック街区と境を接する部分、そしてサント‐ジュヌヴィエーヴの丘から急な斜面を下って来るところには、さきほどもみたようなだらしない、嫌悪をもよおさせる態《てい》の住民が住みついている。……（中略）……トラヴェルシーヌ街やムフタール街の悪臭に満ちた陋屋《ろうおく》に数歩ばかり足をのばしてはいっていくや、全く別の町にやってきたような錯覚にとらわれるのだ。……

（『パリの聖月曜日』一五六—一五八頁〔一部改変〕）

ジャン・ヴァルジャンが幼いコゼットの手を引きながらピクプュスの修道院に逃げ込むまでの間、ジャヴェルの影に追われてさまよったこの一帯は、当時は大変な貧民街だったのである。その中央に位置するサント・ペラジー監獄にも、この街区の異臭が忍び込んでいただろう。もっともサント・ペラジー監獄での囚人を取り巻く環境は、極度に過酷なものではなかったらしい。実際、ある程度の自由は認められていた。監獄内には酒保もあり、囚人たちはレストランやカフェ同様のサービスを受けることができた。コーヒーや酒も飲み放題であったらしい。だから大デュマ『モンテ・クリスト伯』のエドモン・ダンテスが十四年間も監禁されていたシャトー・ディフの独房のような場所を想像するべきではない。とはいっても、異臭漂う悪名高い貧民街の中心に位置する監獄が、清潔で衛生状態の良い場所であるはずはなく、囚人を取り巻く環境は劣悪であったろうと推察される。実際、この翌年パリにコレラが蔓延したとき、ガロアを含めた囚人たちは衛生環境のよりよい場所に移送されることになるのである。

## ラスパイユの獄中記

ガロアが収監された獄舎には、乾杯事件のあった五月以来、植物学者・生理学者のフランソワ＝ヴァンサン・ラスパイユ（一七九四―一八七八）も収監されていた。ラスパイユは当時三十七歳。すでに学者としての名声も高く、ルイ・フィリップは彼に十字勲章を授けようとしたが、これを彼は辞退している。細胞生理学の先駆者であると同時に極めて活動的な共和主義者としても知られ、ガロアが属していた「人民の友社」の主宰者の一人であった。後に第三共和政下においては政治家としても活躍した彼の名前は、現在では「ラスパイユ大通り(Boulevard Raspail)」や地下鉄の駅（4番と6番）の名前にもなっている。

フランソワ＝ヴァンサン・ラスパイユ
(1794-1878)

ラスパイユは自分よりもはるかに年下の会員ガロアを、特に可愛がっていたようだ。彼は監獄にいる間――その期間は一八三〇年から一八三六年までだけでも延べ二十七ヶ月におよぶ――膨大な監獄記を手紙に書き、一八三九年に出版しているが、その中にはガロアも登場している。獄中のガロアの様子を伝えている特に貴重な部分は、一八三一年七月二十五日付の手紙だ。ここでラスパイユはサント・ペラジー監獄の内部の様子を雑多に記した後に、囚人たちがガロアをからかって無理矢理酒を飲ませようとしている場面を記している。

「おい、何だって？　お前さんは水ばっかり飲むのか、お若いの！　ザネット〔ガロアの親称〕！　そんなことは共和党でやれよ！　貴様の数学とやらに戻っちまえ！　ほら、陽気に乾杯しようぜ、巡査の野郎を打ちのめすときくらいエレガントによ！……そら、そら、俺のかわいそうなザネットよ！　俺たちの仲間でいようぜ！　試しにこの小さなグラスをあけてみろ。俺たちぁ女といい酒がなけりゃ男じゃないんだぜ……」

(Raspail, p.250)

かわいそうなザネットはそのグラスをつかむと、毒杯を仰ぐソクラテスのように一気飲みしたという。多分酒飲み経験も浅かっただろう。まるで現代の大学生たちが飲み慣れない酒をむやみに飲んでぶっ倒れるように、その場に倒れ込んでしまった。こんなからかいにいちいち乗らなければいいのにと思うのだが、ガロアは臆病《おくびょう》者と思われるのが嫌だったのだろう。自尊心はやたらに強いが無鉄砲でいささか思慮の足りない若者の姿が浮かび上がる。
また別の日には、監獄の中庭を散歩中のガロアを酒保の連中がからかうと、彼は一目散に彼らのところに行って、そこにあったブランデーのボトルをラッパ飲みに飲み干し（!）、空になった瓶を彼らめがけて投げつけたという。なんとアッパレな！と言いたいところだが、酒が回ったとたんに惨めな姿で倒れ込んでしまった。

## 魂の叫び

これらの獄中記はインフェルトの本（『ガロアの生涯』二六二—二七六頁）に、（ある程度）忠実に収録されている。しかし、省略されてしまっている箇所も多く、その中には後々大事になる記載もあるから注意しなければならない。特に、飲みたくもない大酒をあおって、息も絶え絶えになって倒れ込んでいるガロアがラスパイユにしがみついて吐くセリフには、翌年の彼の死を予言しているような行——インフェルトの本では大胆にも省略されてしまっている——もある。

「……僕は君を愛しているよ、今までのどんな時よりも。君は酒に酔わないね。君は節度があるし、貧しいものの味方だ！　だけど僕はどうなっちゃっているんだろう？　……僕の中には二人の人がいるんだ！　そして不幸にも、僕はどっちがどっちを打ちのめすか見当がついているんだ。僕は目標に達するには辛抱が足りなさ過ぎるよ。僕の年頃の情熱ってやつはみんな焦慮の中にしみ込んでしまっているのさ。美徳ですら僕たちの中でその罪を背負ってるんだ。全く、見て下さい！　僕は酒が嫌いだ。それでもって一言浴びせられると鼻をつまんで飲んでしまって、あげくの果てには酔っちゃうんだ。僕は女が嫌いだ。僕が愛せるのはタルペイア〔古代ローマ草創期、サビーニ人との戦役時にローマを裏切り敵に要塞《ようさい》の門を開いたローマ娘。この故事以後ローマでは国家を裏切った反逆者を崖《がけ》から落として処刑したが、その崖はタルペイアと呼ばれた〕とグラッカ〔古代ローマ時代のグラックス兄弟の母コルネリア・グラッカ。息子たちを煽動したと悪評が高かったが、事実はその逆でむしろ彼らを諫《いさ》める方であった〕ぐらいだろう。そして僕は言うよ。僕は誰か低級な娼婦《しょうふ》のために決闘で死ぬんだ。なぜって？　だれかが傷つけた彼女の名誉のかたきをとらされるからさ！　友人よ、僕に何が欠けているか知ってるかい？　君にだけ打ち明けるよ。それは僕が愛せる、それも心から愛せる人だ。僕は父を失った。そしてその代わりになる人は誰もいない。聴いているのかい！　ああ！　僕をあざ笑わないとは君はいい人だね。最も卑しいメロドラマの卑しい役者たちが僕をあざ笑うというのに！　彼らの声を聞くと悪寒がするよ！　何という汚水溜《だめ》に僕たちはいるんだろう！　何か尊敬すべきことが我々をここから引き出してくれないものか！」

(Raspail, pp.254-255)

この部分はラスパイユにガロアが語った言葉として記されている。それが本当だとしたら――もちろんかなりの程度事実だっただろうと思われる――これはまさにこの頃のガロアの〈魂の叫び〉だったに違いない。彼は自分の中に二人の人格があると打ち明けている。自由で豊饒《ほうじょう》な数学の世界をどこまでも突き進もうとする自分と、もう一つは社会からの抑圧に対してどこまでも闘おうとしている自分だったのだろうか。そしてガロアは後者の自分が前者を打ち負かそうとしていると感じていたのだろうか。そしてその不吉な死の予言である。彼は自分が決闘で死ぬと思っているのだ。それも、〈低級な娼婦(coquette de bas étage)〉の名誉のために。

## 銃声事件

ラスパイユの獄中記はさらに続く。八月二日付の手紙には、七月革命一周年記念日にあたる七月二十七日以降の獄中での出来事が詳細に綴《つづ》られている。七月二十七日に囚人たちは七月革命の犠牲者を追悼するミサに参加するよう命令されていた。多くの囚人が共和主義者からなる政治犯である。当然、状況は緊迫したが、幾人かの冷静な囚人が諫めたため特に大きな混乱もなく一周年の最終日七月二十九日を迎えた。

ところがその二十九日の夜、監獄内に突然一発の銃声が響き、その直後に「助けてくれ！ 人殺しだ！」という叫び声が聞こえた。この異常な出来事に、ラスパイユは翌朝まで落ち着かない夜を過ごさなければならなかった。

翌朝、囚人たちは中庭に集結、看守の制止も聴かず監獄長室になだれ込んだ。囚人が三人ほど行方不明になっているというのだ。監獄長の言によると、これら行方不明の囚人三人は昨夜の銃声事件の関係者で、事件はこの三人の個人的な喧嘩《けんか》だったとほのめかした。しかしそこにいた囚人の一人がそれに疑義を呈したのである。彼は真相を知っているというのだ。

「……事実はこうだ。俺は浴場棟の屋根の下の部屋に入っているもんだ。俺たちは静かに床につこうとしていた。俺たちの中に二つの小窓の間に寝台があるやつがいて、当然のように窓に顔を向けて鼻歌まじりに服を脱いでいたんだ。そこへ突然、向かいの建物の屋根裏部屋から撃ってきやがった。そいつは死んじまったんじゃないか、と俺たちは思ったぜ。でもそいつは気を失っていただけだった。銃弾がどこから飛んできたかも、そいつの怪我がどれだけ重いかもわからず、とにかく俺たちは助けを求めた。なにしろ六つの窓がどの方向にも開いているようなあんな部屋じゃ、中にいる連中は狙撃《そげき》者にとっちゃ格好の標的になるってもんだ……」

(Ibid, p.284)

その銃弾は監獄の外から撃たれていたというのだ。しかもそこは監獄の看守の一人が住んでいた場所だった。陰謀のニオイがプンプンする。実は右の証言をしている囚人と同じ部屋にガロアがいた。彼は騒ぎの最中に監獄長にひどく無礼な言葉を吐いたという理由で、土牢の中に監禁されていたのだ。

「……ガロアが土牢にいるだと！」とそこにいるみんなが答えた。おお、何と汚らわしいやつらめ！　彼らは我々の可愛い学者に恨みを抱いていたのだ！

(Ibid, p.285)

ついに囚人たちは暴動を起こした。監獄長たちは一目散に逃げ出す。囚人たちは監獄を占拠した。しかし、その日の夜遅くまでには、暴動は歩兵隊によって鎮圧された。

この〈銃声事件〉の真相は現在にいたるもわかっていない。インフェルトはこれを、危険人物であるガロアを亡き者にしようという政府の陰謀だったと解釈しているが、これは少々無理があるように思われる。彼を暗殺しようとするなら、このように他の囚人にも明け透けにわかってしまうような形で、しかも彼らを脅えさせ暴動をも引き起こしかねない――事実、暴動は本当に起きたのだ――ような危険な方法を採用するだろうか？

焦燥の日々

監獄長がガロアこそ銃声事件の重要な関与者だったと考えていたかどうかはわからないが、彼が他の二人の同室者とともに土牢の中に数日閉じ込められていたことは事実である。土牢から解放され、もとの部屋に戻されて以降も、裁判が始まる十月末までの間、彼はじりじりと落ち着かない日々を過ごさねばならなかった。

落ち着かない理由は他にもあった。インフェルトによれば、彼は十月になるまで一月にアカデミーに提出した論文がその後どうなったのか知らされなかった。前述の通り、ポアソンとラクロアによる論文の査読結果はすでに七月初めに報告されていたのであるから、これはいささか奇妙なことだ。五月以降の政治活動におけるゴタゴタのため、報告を受け取る機会を逸してしまっていたのだろうか。このあたりの事情は今でもよくわからないが、いずれにしても十月（まで）にはアカデミー幹事フランソワ・アラゴからの手紙によって、彼は自分の論文がアカデミーによって拒否《リジェクト》されたことを知ったのである。以前と違っていることは、今回はその論文がきちんと返却されたことだ。不幸中の幸いである。

もうアカデミーに論文を出すのはこりごりだ、とガロアは思っただろう。ロスマンはこの頃のガロアを、一種のパラノイア状態にあったものと分析している。(Rothman, p.96)。そしてこの気質に典型的に見られるように、心の核に自分の行動を正当化しようとする極端に強い自我感情があっただろうと述べている。実際これは、間もなく引用するガロアの恐るべき文書『序文』の中にも随所に感じられることだ。

ガロアは彼の理論をアカデミーから発表することを完全に断念し、オーギュスト・シュヴァリエを通じて自費出版することに決めた。アカデミーの頑《かたくな》な（とガロアには思われた）姿勢に対する当てつけのような行動とも言える。パラノイア的気質の一つの現れであろうか。ガロアは自分の論文やそれまで書き付けた断片などを手元に集めた。これらをまとめて大著をものにしようと考えたのである。ガロアはその著作を送付する人々のリストを作成した。その中にはリセ時代の懐かしいリシャール先生や、お世話になったにもかかわらず今はまったく音信不通となってしまったコーシーなどの名前に加えて、ガウスやヤコビの名前もある。

## 幻の著作の驚くべき序文

その著作は、前半が「代数方程式のべき根による可解性条件について」、後半が「代数函数の積分で表される超越函数について」の覚え書きとなる予定であった。しかし、この著作はついに完成されなかった。もう彼の死は次の年の五月である。ガロアには時間がなかったのだ。現在まで残っているのは、その目次と序文だけ。そしてこの『序文』が、実は大変重要なのである。それは極めて注目に値する文書であると同時に、極めて〈驚くべき〉文書である。この文書の全文を訳出する前に、その驚くべき点についていくつかコメントしておきたい。

まず第一に、この文書は長い間完全な形では公表されてこなかった。タヌリーが最初の『ガロア書簡集』を出版したのが一九〇八年であるが、そこには部分的にしか収録されていない。その理由は、この文章が汚い罵詈《ばり》雑言《ぞうごん》に満ち、当時の関係者たちへの下品で容赦ない誹謗《ひぼう》中傷があまりにも多かったからである。今までにも何回か言及しているタトンの一九四七年の論文にはこれがほぼ完全な形で収録されているが、そこにもいくつか脱字や誤植がある。インフェルトの本には不完全な形で収録されている（『ガロアの生涯』二八一―二八五頁）が、最も重要な部分がゴッソリ抜けている。ここでは一九六二年にブルニュとアズラによって編纂《へんさん》された『ガロア書簡および数学論文集』に収録されているもの、まず間違いなく完全なものだと思われるものの全文を訳出する。

第二に、この文書は当時のガロアの精神状態を伝えるよい資料であるのみならず、数学的興味からも大変価値のある文書であると筆者は考える。詳しくは文書を紹介した後に述べるが、実はここでガロアが数学の将来を予言しているのだ。そしてこの驚嘆すべき箇所――〈ガロアの黙示録〉とでも言うべき部分――こそが、インフェルトの本の中で完全に抜け落ちている部分なのである。

以下の訳文中、〔 〕で囲ったものは訳註《やくちゅう》かあるいは筆者による加筆であり、〔 〕は原著者ガロアによる註である。原註の一つは「編集者註」と書かれているが、奇妙にも実はガロア自身による加筆であったらしい。筆者が最も重要だと思われる――そしてインフェルトの本からはなぜか完全に削除されてしまっている――箇所は、訳文中では初めと終りに【＊】という記号を置くことで明示した。実に二ページ以上にもおよぶ長い部分である。特にそこに現れる〈難しさによる分類〉という言葉が重要だ。この言葉は筆者の考えでは、この頃のガロアが「代数方程式のガロア理論」にとどまらず「微分方程式のガロア理論」や現代数学における他の類似の理論をも含む極めて広大な〈ガロア理論〉の地平に、すでに深遠な第一歩を踏み出していたことを暗示する重要なものである。

それでは、その驚くべき文書の全文を読んでいただこう。

## 『純粋解析学についての二論文』

E・ガロア

# 序文

此は誠実なる書なり。
モンテーニュ

まず第一に、この著作の二ページ目は王侯たち、香の煙〔へつらい〕には香の切れ目が金の切れ目だと脅かして財布を開くようなケチな王侯たちの姓名、肩書き、栄誉、そして彼らへの賛辞などで埋め尽くされていない。またその上、本文の三倍も大きな活字で書くような科学界の高位の人たちや庇護者《ひご》に対する敬意なども、本来二十歳の者が書かんとするものには不可欠（不可避と言うべきだろう）であろうが書かれてはいない。助言や激励によってこの著作の長所すべてを負っている人々にも私は言及しない。私はそれを書かない。なぜならそれは嘘になってしまうからだ。誓って言うが、世の大物たちや学問の大物たち（当節この二種類の人々は区別付け難いが）に対して私が何か言うとすれば、それは決して謝辞などではない。この二つの論文の最初のものの出版がもし遅れているとしたら、それはこれらの人々の幾人かのおかげであるし、その他の人々のおかげであるのは、私がこれをまったく監獄で書いているということだ。監獄という所は瞑想《めいそう》する場所だと考えるのは間違いである。また私はここで幾度となく愚鈍なゾイレ〔意地悪でねたみ屋の批評家の意味。ホメロスを熱狂的に批判した批評家ゾイレに由来〕たちの前で呑気《のんき》に口を塞いでいる自分自身に唖然《あぜん》としたものである。そして私は自分の敵対者たちを卑しいと思えば思うほど、ゾイレの言葉を自分の慎ましさのためにまったく安全に利用できると信じる。私が監獄に留置されるにいたった経緯や理由を述べることは本題ではない〔編集者註：この著者は共和主義者で「人民の友社」のメンバーであり、〈その身振りによって〉王の殺害も時には有用だと述べた。監獄の話なんてもうたくさんである。そして実のところ彼が一体何を嘆いているのか理解できない〕が、これは言わなければならない。いかにして学士院会員諸氏の書類入れの中から、かくもしばしば論文が消え去るのか。アーベルの死に良心を痛めているはずの人たちがこれほどまでに不注意であることを私はまったく理解できない。この有名な幾何学者と比較されることを望んでいない私としては、方程式論に関する私の論文が一八三〇年二月に科学アカデミーに実質的に登録されていたこと、その抜粋が一八二九年に送付されていたこと、そしてその後何の音沙汰もないままこれらの論文が回収不能となっていることを述べれば十分である。こんな奇談は他にもあるが、そんなことを語るのは不愉快だ。実際、論文が散佚したということを除けば、そんな事件のどれも私の知ったことではないのである。幸いなるかな、旅行者よ。私の酷《むご》い顔貌のせいで私は狼《おおかみ》どもの口から救われるのだ。読者に是非その理由を理解してもらうため私はすでに語り過ぎているが、そもそもいかなる善意をもってしても、世間の人がしたがるように献辞によって自分の論文を飾りたてたり台無しにしたりするのは、私には絶対できないことなのだ。

第二に、この二つの論文は短く、また少しもタイトルと見合ってない。おまけに少なくとも代数式と同じくらいフランス語の文章が書かれている〔つまり数式が少ない〕から、論文を送付された印刷屋はまったくの善意でもって、これは〔論文の〕導入部分なのだと思うだろう。この点についてはまったく弁解の余地はない。読者の理解に必要な形式を整えるために、理論を構成するすべての要素を再編成することだって可能だっただろう。あるいは議論の分枝の中にさりげなく二、三の新しい定理を忍び込ませることだって可能だったろう！　また、各々の方程式に現れるアルファベット文字を、そのすぐ後の方程式にはどんな文字の組み合わせが現れるか見やすいように、順序よく次々に並び替えることだってできたはずだ。ラテン文字のアルファベットの後にはギリシャ文字を、それも使い果たしたらドイツ文字を、キリル文字だって使って悪いわけはないし、必要とあらば漢字も使えば、いくらでも方程式の数を増やせるのだ！〔本文中の〕各々のフレーズを十倍長く変形して、その頭に定理という荘厳な文字をかぶせることだって可能だろう。あるいはまた〈この解析学〉によって立派なユークリッド以来知られている諸結果を導き出すこともできただろうし、最後には各命題の前と後に特殊な例の数々を恐ろしいほど並べたてることだってできただろう。このような方法すべてを、私は一つとして採用しなかったのだ！

第三に、一番目の論文はお偉方のぬかりのない目に汚されている。一八三一年に科学アカデミーに送付されたその抜粋はポアソン氏の査読に付され、彼は会議でこれを理解できなかったと述べたところである。うぬぼれに幻惑された筆者自身の目から見ると、これは単にポアソン氏は理解したくなかった、あるいは理解できなかったということであり、しかし公衆の目には私の著作が決して無価値なものではないことを確かに示すものである。〔訳註：以下の段落は線で消された跡がある〕総じて私が思うに、学者の世界では私が公にする著作など同情の微笑をもって迎えられるだろう。不器用さは最大の寛容によって評されるだろう。そして、しばらくはウロンスキー〔一七七八―一八五三。ポーランド生まれの数学者、数学のみならず哲学や経済学にも手を出したが、奇想天外だとして当時の人々には受け入れられなかった〕や円の求積〔与えられた円と同じ面積を持つ正方形を作図すること。定規とコンパスだけでは不可能である〕の新法を毎年のように見つけ出す飽くことを知らない人々と比較されることだろう。その上エコール・ポリテクニークの入学試験官たち（ついでに言うと、驚いたことにこれらの人々には科学アカデミーの椅子がないのだ。なんとなれば、彼らの地位など確かに後世の人々の知るところではないからだ）や、数学書の出版を独占しているような連中の嘲笑《ちょうしょう》に、彼らによって二度も屑《くず》にされた若者が正しい教育的な本ではなく、学問的な本を書く野望を持っていると知って気を悪くするはずの連中の狂おしい嘲笑にも耐えなければならないだろう。今まで言ってきたことをすべては、自分が馬鹿どもの嘲笑にさらされることを十分承知しているということを示すためだったのだ。〔訳註：消されていたのはここまで〕

理解される可能性のほとんどないこの私の徹夜仕事の果実が是が非でも出版されるとするなら、それは自分の研究の日付を残しておくためであるし、監獄に埋葬される以前の世界で知り合った友人たちに私がちゃんと生きていると知らせるためである〔原註：それは学者たちを、若い人たちについて御託を並べ合うのを恥じながら、もっぱら名声の前で嬉々《きき》とする人たちをペテンにかけ、無学で怠惰な連中に黙々と計算ばかりやらせるような学者たちを悲しませるためである〕。それはまた、人々の手から手へ渡っていくうちに、私が信じるところの最高の学たる解析学なるものに到達する道を読者や指導者がたどるのを禁じないような愚かしい死体置き場に、この研究がたまたま落ち込まないとも限らないという希望的観測でもある。私がここで語っているのは純粋解析学に他ならないことを理解しなければならない。【*】数学の最も直接的な応用に持ち出された私の主張〔訳註：ここでタトンは「主張（assertions）」を「方程式（equations）」と読んでいる〕の数々は逆説的に思われるかもしれない

いる」。

〔訳註：タトンによれば、原文では「逆説的（paradoxales）」の文字が見えにくくなっている〕。

長々とした代数の計算は、まずもって数学の進歩にはほとんど必要ない。極めて単純な定理というのは解析の言葉で表現しようがないからこそ価値があるのだ。オイラー以来この偉大な幾何学者が科学に与えた進展において、このような、より簡素な言葉が必要であったことはほとんどなかった。オイラー以後の数学では計算することはますます必要とならざるを得なかった。しかしより進歩した科学の対象に適用されていくにつれて、それはますます困難なものとなってきた。今世紀に入ってすぐ以降、その方法論はあまりに複雑なものとなってしまったため、現代の幾何学者たちが出版する研究に見られるような鮮やかさや即時に理解できる能力、さもなければ大量の計算操作による一撃といったもののなしには、もはや進歩は不可能となってしまっている。

明らかなことだが、こういった鮮やかさの目的は、褒めそやされ正当なものとされること以外のなにものでもない。最先端の幾何学者たちの努力がこの鮮やかさを目指すものだと認めるなら、複数の計算操作を一斉に包括することがますます必要になっていると確言できる。なにしろ、もはや細かい点に立ち止まっている時間はないのだから。

ところで私が思うに、そういった鮮やかさによる計算の単純化（どんな賢い人でもわかるような単純化。具体的な対象の話ではない）にはおのずと限界がある。思うに、解析学者の思索によって予想された代数的変形が、いつまでたっても、そしてどこまでいっても見出されないという時がいずれやってくるだろう。そうなったら予想したことに満足しなければならなくなるのだ。新しい解析学には救いがないと言いたいのではない。そうではなくて、さもなければいつか限界に達すると思われると言いたいのである。

数多《あまた》の計算を結合する足場まで跳躍すること、操作をグループ化すること、そして形によってではなく難しさによって分類すること。これらこそ、私の意見では、未来の幾何学者たちの仕事なのだ。そしてこれこそ、この著作の中で私がとる道なのだ。

代数による非常に短い表現をとても長い文章に翻訳するとか、そうして計算操作の羅列の中に無用な言葉の羅列を挿入するとかして、あらゆる種類の計算を外見だけ避けている人々がいるが、これらを私がここで述べていることと混同してはならない。そういう人々は百年も遅れているのだ。

似たようなものは何もない。ここでは解析学の解析学を構築する。ここでは（楕円函数の）最も高度な計算が、従来のものが特殊例になってしまうまで論じられる。

従来の理論は有用であったし、それを論じることは不可欠でもあった。しかし、それにしがみつくことは、より広大な研究のためには有害である。このような高い立場の解析によって予言される計算、求める問題の特殊性に応じて形ではなく難しさによって分類された計算が実現される日もやがて来るであろう。【＊】

私が進めている一般理論は、私の著作をその一つの応用として注意深く読む場合に限り、よく理解することができる。理論的なことが応用に先んじるという視点からでは理解できない。しかし、私はなぜ私の書いたものが大多数の読者にとってはなじみのないものとされてしまうのか不思議に思う。扱う主題の中で計算を避けようとする私の傾向性がその理由だと思われるし、さらには私が扱った題材で一般的な議論を展開したいという人には乗り越え難い困難があることも認める。

新しい主題を扱うに際して、そして異常な道に足を踏み入れるに際して、私自身も克服できなかった困難にしばしば遭遇することも心に留めておいてもらいたい。それゆえこの二つの論文の中で、とりわけより最近のものである二番目の中で「私は知らない」という文句をしばしば目にするだろう。冒頭に述べたような種類の読者は、そのたびに失笑を禁じ得ないだろう。それは最高の学者による最高に正確な本でも、著者がまったく知らないことを述べるかもしれないとは人は考えないからであり、困難を偽るほどの害を著者が読者におよぼすことだってないとは限らないなどとは人は考えないからである。

競争が、すなわちエゴイズムがもはや学問の世界に君臨しなくなれば、そしてアカデミーに封印済みの小包を送る代わりに、人々が研究のために協力し合うようになれば、どんなに小さな考察でもそれが新しいものである限り、速やかに公表せんとするであろうし、そこに次のように付言するであろう：「他のことを私は知らない」。

サント・ペラジーにて　一八三一年十月

E・ガロア

## 4　ガロアの黙示録

### 一九三一年の論文

著者は京都大学理学部における三年生向けの講義で、ガロアの一八三一年の論文――ポアソンの勧めで一月にアカデミーに提出した論文『べき根による方程式の可解性の条件について』――の解説を行い、その準備のためこの論文を改めて詳細に検討した。このとき感じた印象を中心にこの論文の中身について、数学的に難しくなり過ぎない程度に、ざっくばらんに書いてみたいと思う。

この論文はしばしば大変〈わかりにくい〉ものと言われてきた。実際、査読者であったポアソンもその査読結果報告の中で、

……我々はガロア氏による証明を理解するため、我々のでき得る限りのすべての努力を注いだ。しかし、彼の論法は十分に明快とは言えず、また十分に発展させられてはいないので、その正確さを判定することはできず……

と述べていたことを思い出そう。現在にいたるまで様々な人々によって指摘されてきたこの〈わかりにくさ〉の源泉は、このポアソンの指摘する「十分に明快でない」ことと「十分に発展させられていない」ことにあるようだ。

確かにこの批判は根拠のないものではない。論文は簡潔だが、その分行間は広く、証明が省略されている命題もある。それに、この論文は難しい。専門家でもかなり考えながら読まないと理解できない。しかし、それと論旨が明快でないことは必ずしも同等ではない。実際この論文は理解してしまえば、議論の道筋が極めて明快であることにまったく驚かされる。簡潔過ぎるというのももっともだが、簡潔過ぎて議論の明快さが損なわれているとは思えない。過不足ないのである。そしてなにより、ガロアの議論は極めて高度に完成されている。これが最終形だとまでは言えないにしても、

驚くほど発展させられているのは疑い得ない。

明快でないのに明快だ、発展しきっていないのに完成されている。一見背反しているようなこれらの特徴の背景には、一体どのような事情があるのだろうか。

ここで思い起こされるのは、ガロアの数学がルジャンドルの『幾何学原論』との出会いから始まっていたことである。『幾何学原論』の中でルジャンドルは、初等幾何学の〈直観〉を大事にしていた。そして多分この特徴こそが、ガロアを虜《とりこ》にした最大の原因であろうと考えられた。ガロアの論文も、その直観的内容が一つの物語として感じられれば、それこそ通俗小説のようにスラスラと読めてしまうようなものである。その意味では極めて明快であるし一貫している。問題は、ガロアがルジャンドルの本の〈エスプリ〉に直接アクセスできたように、ガロアの論文の物語的背景に読者がいかにしてアクセスするかである。

ガロアは代数方程式論を通してまったく新しい音楽を聴きだしていた。それが斬新《ざんしん》なメロディーや和音に満ちあふれていただけなら、ルジャンドルの本のような古典的な形式に整えて一つの楽曲に仕上げることも可能だっただろう。しかし、ガロアの音楽はそれらのどの形式によっても適切に表現できない種類のものだったのである。それにもかかわらず、ガロアはその楽譜を普通のソナタ形式で書かざるを得なかった。しかし、そうすると当然ながら、曲としての一貫性はたびたび損なわれ、メロディーや和音の奇態さばかりが目につくようになる。ガロアの論文が抱えている根本的な問題点をわかりやすく言うなら、このような感じになるだろう。

ではガロアの音楽がより適切に、その一貫した物語性が失われないように表現されるための〈形式〉とは何であろうか？　それこそが第三章で述べた「構造主義的」視点なのである。

### 「構造主義的」視点

この論文でガロアは「群（groupe）」という考え方を導入した。以前、ラグランジュの仕事について述べたときに、方程式の〈解き方〉を検討する上で「根の置換」が重要だと指摘した。これらの置換は、いわば方程式に内在した対称性、つまり〈見えない対称性〉（『物語　数学の歴史』第8章）である。そしてガロアによる「群」とは、この置換の〈集まり〉なのだ。つまり、彼は一つ一つの置換（＝対称性）を個々に検討するのではなく、それら全体が集まってできた一つの〈システム〉を考察しようという立場を明確にしているのである。その意味ではガロアのアイデアはまぎれもなく「構造主義的」だ。

また、他にも注目すべき概念として、ガロアは〈有理的に既知（rationnellement connue）〉という考え方を導入している。ガロアはこの概念の説明に苦労しているし、確かにその説明は完全に成功しているとは言えない。平たく言えば、それは〈知っている〉ということなのであるが、その意味は与えられた方程式の係数や普通の有理数のような最初から知っている数のみを使って四則演算だけで計算できるという意味なのだ。要するに〈知っている＝四則演算だけで計算できる〉ということである。

現代数学ではこのような回りくどい表現を使う代わりに、知っている数の「全体」を考える。それら全部の集まり、つまり「集合」を考えるのであるが、この〈……の全体の集合〉という考え方こそ、十九世紀後半から勃興《ぼっこう》した「集合論」の所産である。現代ではほとんどすべての数学の概念は集合によって記述されるという（あまり根拠のない）セントラルドグマにしたがって数学は議論されるのが普通である。そしてこれを使えばガロアが苦労していることをわかりやすく表現することは困難ではない。有理的に既知な数の全体が成す体系、現代数学の言葉では「体《たい》」というものを用いれば最もエレガントに表現できる。ガロアの言いたいことがこれに他ならないのは明白なのであるが、そこには超えられない時代の壁があったようだ。ガロアが時代精神を少なくとも一世紀分は先取りしているのは確かだとしても、その考えを正確にもれなく伝えるための手段がなかったのである。

この群と体という概念を使えば、ガロアの言いたいことは極めて簡明な形で表現される。集合を用いて構造を記述するという構造主義的な楽譜の書き方があれば、ガロアの音楽は素直に表現されるし、読者もその〈エスプリ〉に、その直観的な物語にアクセスできる。その意味ではガロアの数学は極めて直観的であるし、その数学との出会いがルジャンドルの『幾何学原論』であったというのも、ある意味象徴的なことだったとも言えるのである。

## 対称性〈だけ〉が重要

ガロアによる新しい視点は、代数方程式を解くということ自体の捉《とら》え方をも一新する。代数方程式を解くとは、べき根などの四則演算では得られない数を順次添加していって、次第に有理的に既知な数の範囲を広げること、そしていずれは有理的に既知な数の中に求める根を収めてしまうことである。つまりガロアによれば〈解く〉とは、知っている数の範囲を〈広げる〉というゲームに他ならない。そして彼はまさに彼の「群」（ガロア群）の定義から、知っている数の範囲を〈広げる〉とは、対応する群を〈小さく〉していくことに他ならないことを見抜いていた。

ここまで来てガロアはいよいよ本題の「べき根による可解性」の問題に取りかかる。ここで注目されるのは、ここ（命題V）で議論のモードがガラリと変わり、視点・論点がシフトすることだ。

……以上を踏まえて、べき根の添加によって方程式の群が減じる(s'abaisser)ために群が満たすべき条件を探求しよう。

こうして代数方程式がべき根で解けるための条件を、彼は完全に群の言葉で記述することを開始する。ここが「(代数方程式の)ガロア理論」の最も重要な点だ。アーベルにはなかった完全に新しい視点である。つまり群という道具立てができてしまったら、後は問題の方程式そのものは完全に忘却してよいということなのだ。もはやその方程式の解法の秘密はこの「群」がすべてを握っている。後はこの群という〈システム〉を十分詳細に検討すれば何もかもわかる、という視点をガロアは開拓したのである。したがって、べき根による解法の存在のための彼の条件は徹底的に群の言葉、つまり対称性のシステムの言葉で記述されることになる。

それだけに、この〈条件〉のあり方に対して前述のようにポアソンが噛み付いたのも理解できるということになる。ポアソンにとっては、べき根で解けるための条件が群というシステムの構造によって言い表される、という発想自体が斬新過ぎて理解できなかったのだろう。論文の目的を誤解していたのも、これが原因だったのだろうか。ポアソンはガロアの論文を「理解できなかった」と述べているが、その背景にはこうした基本的な視点・論点——あるいはパラダイムと言ってもよいだろう——の読み違いがあったことは確実である。

本当に〈理解不能〉だったのか?

以上はもちろん、現代数学の立場を知っているものから見たガロアの論文評である。現代の言葉や発展を踏まえているからこそ、ガロアの理論は十分に明快なのだとも思われるだろう。しかし本当にそうなのだろうか? 今の人には理解できても当時の人には到底理解されないものだったのだろうか?

もちろん、例えば筆者が一八三一年当時にこの論文を見ていたとして、これを理解できたとはちょっと思えない。ポアソンですら誤解したくらいである。これが理解できる人は非常に少なかっただろう。しかし、以前にもそれなりの状況証拠を示したように、おそらくコーシーは完全に理解していたのだ。そう思えば返す返すも、当時コーシーがガロアの前から姿を消してしまっていたことが悔やまれる。

ガロアの論文が必ずしも〈理解不能〉なものではなかったと考えることで今ひとつ浮かび上がる事実は、論文を理解できなかったことについて、ポアソンの方にばかり非があったわけではないということである。実際ガロア自身にも問題はある。ガロアの論文は、残念ながら読み手に対するサービス精神が極めて乏しいのだ。

この論文中のある補助定理で、その証明にポアソンが「十分でない」とクレームを付けたものがある。これに対してガロアは余白に「……歴史的文書としてこのままにしておく」と、いくぶん皮肉まじりに書いている。ガロアの〈証明〉は確かに数学的に問題があるというわけではない。現代ではこれで十分だ。その意味では確かにそれは「歴史的文書」としての価値はある。しかしその証明はあまりに短い。式が一個、文章が二行、計三行という短さだ。ポアソンは「この補題の証明は十分ではない。これをしてかし、それは正しい……」と述べ、ラグランジュの論文を参照している。ガロアは、自分の議論がポアソンには理解できなかったのだと考えたかもしれないが、そうとは決めつけられない。それどころか、ポアソンほどの人がガロアのこの証明を理解できなかったとは到底思えない。たとえ議論の正しさが理解できても、査読意見としてこのような書き方をすることは、少なくとも現代なら普通のことだ。筆者もよくやる手である。多少細かい点でも、読み手のことを考えた書き方を推奨するのは査読者として当然だろう。アカデミー提出論文としての品位というと、いかにも誤解されそうな言い方になるが、読み手に対する心遣いという実際的な意味での〈品位〉は重要だ。その意味でなら、ガロアの論文は論文としての体裁があまり整っていなかったという、よく言われる批判は正しい。

ガロアの論文は確かに難しいし、ある程度多くの人がその精神を正しく理解するには、それが語られるために相応《ふさわ》しい視点と相応しい言葉——つまり「構造主義的」視点と集合論の言語——が必要であった。ポアソンが「理解できなかった」のもそれほど驚くべきことではないかもしれない。しかし、それでもなおガロアの論文はまったく理解不能というわけではなかったはずだ。なにしろコーシーは理解していたはずだからだ。

## 「難しさ」を記述する

以上述べた「代数方程式のべき根による可解性」の問題に完全な解答を与えたことが、ガロアの最高の業績としてしばしば紹介されるものである。しかし、おそらくこの頃のガロアはそれをもさらに超えた、より深い視点に到達していたものと強く信じられる。今までにも「ガロア理論」というとき、筆者はことさらに「代数方程式の」という限定句を付けてきたが、ガロアはそれだけにとどまらない数学全体のパラダイムに関わる、より広大な理論の地平を見据えていたと思われる。そしてその根拠が、先に全文を引用した獄中のガロアによる『序文』——特にインフェルトによってゴッソリ削除されてしまった部分——に見出せるのだ。

すでに述べたように、一次方程式の根は四則演算だけで書ける。それに対して二次方程式の根は一般には四則演算では書けない。つまりその分だけ根は数として〈難しく〉なる。しかし、それらは平方根を一回取れば後は四則演算で書けるのだから、その難しさは三次方程式の根ほどではない。三次方程式の根は一般には平方根と立方根を組み合わせなければならないから、より〈難しく〉なる。そして四次方程式やそれ以上の次数の方程式の根は、一般にはさらに難しい数となる。

その一方で、特殊な方程式に話を限定すれば、たとえ五次以上であってもべき根で解けることはある。したがってその場合の根は、難しいと言ってもその程度の難しさにとどまっている。だから根の難しさという観点に立てば、次数が上がればそれだけ難しくなるというわけでもない。では何がその〈難しさ〉を決めているのか？ 実は、それこそが「群」なのである。つまり〈数の難しさ〉——もはや方程式のことは忘れて〈数〉としての根のみを考える——あるいは〈複雑さ〉とでも言い得るものは、ガロア群という対称性の集まりから成る〈システムの複雑さ〉に完全に翻訳されるのだ。

ここまで来ると、もはや考察の対象を数に限定する必要はない。例えば函数の難しさを考えることもできる。十九世紀終り頃になって「代数方程式のガロア理論」の考え方を微分方程式に敷衍《ふえん》した、いわゆる「微分方程式のガロア理論」なるものが研究され始めた。この理論はとても難しいもので、現在でもさかんに研究されているが、この研究の目指すものを今の視点から述べると、それは函数の難しさを微分ガロア群という対称性のシステムの構造によって分類・理解しようというものである。

アンリ・ポアンカレ（一八五四—一九一二）は、フックス函数と呼ばれるある種の函数の難しさを測る「群」が、非ユークリッド幾何学における幾何学的な対称性と密接に関係していることを（馬車に足をかけた瞬間のひらめきで）発見した。この驚くべき発見によって、これらの函数の難しさはある種の空間の難しさと関係することがわかる。これらの空間には「基本群」と呼ばれるものが「ガロア群」の代わりをしているが、ここでも空間の難しさはこの基本群の構造によって理解される。二〇〇〇年代初頭に「ポアンカレ予想」がグレゴリー・ペレルマンによって解かれ、彼がフィールズ賞を辞退したことから世間でも話題になったが、この「ポアンカレ予想」とは、非常に平たく言ってしまうと「基本群が最も〈簡単〉なら、対応する空間も〈簡単〉である」ということを予想していたのであった。

アンリ・ポアンカレ（1854-1912）

空間の難しさ、複雑さは、それに付随した対称性の集まり（基本群）の構造によって記述されるべきだという思想からすれば、最も基本的な主張の一つだったのである。

以上を踏まえれば、代数方程式や微分方程式などに限定しない、より一般的な現代数学のパラダイムとしての〈一般ガロア理論〉を想定することができる。それは次のようになるはずだ。

・「ガロア理論」とは、数学的対象の難しさを、それに付随した対称性全体から成るシステムの構造によって記述する学問である。

しかるに、ガロア理論は様々な数学的対象をその〈難しさ＝複雑さ〉の観点から捉え、これらをその外観ではなく難しさによって分類する学問だということになる。そしてガロア以降今世紀までの数学の発展は、数学全体のあり方に関わるこの基本的な視点が、様々な数学的現象を解明する上で極めて有用であったことを如実に物語っている。

ガロアの黙示録

読者もお気付きのように、ここでガロアが『序文』で何度か述べていた「難しさによる分類」という言葉が特別の意味を持ってくるのである。「長々とした代数の計算は、まずもって数学の進歩にはほとんど必要ない」と彼は言う。オイラー以後、計算術の展覧会となってしまった数学は、もはやにっちもさっちも行かなくなっているではないか。計算し倒して現象を解明するというやり方は、もう限界に近付いている。

だから数学はまったく新しい視点を獲得しなければならない。その〈新しい視点〉として ガロアが夢見ているのが、まさに難しさそのものを対象にして数学するという発想である。数や函数や図形など、数学における様々な対象たちが織りなす数学の有機的な現象世界を、この〈難しさ〉によって理解することで、まったく新しい知見が得られるだろうというのだ。

……数多の計算を結合する足場まで跳躍すること、操作をグループ化すること、そして形によってではなく難しさによって分類すること。これらこそ、私の意見では、未来の幾何学者たちの仕事なのだ。……

こう述べることで、ガロアは来るべき未来の数学像を正しく予言している。まさにこれは『ガロアの黙示録』だ。ガロアはこのような予言ができるほどの高みに、すでに昇っていたのである。一八三一年十月の獄中のガロアは、「構造主義的」数学の発想、構造を用いた数学的対象の取り扱い、計算だけによるのではなく概念をも対象にした〈高位の数学〉といった、時代をはるかに先取りした、それこそ「西洋数学の十九世紀革命」をも予言した視点に到達していたと思われる。〈対象の難しさ〉を対象とした数学。この発想は現代的な数学対象の「概念化」の第一歩だ。『序文』の中の短い一文「ここでは解析学の解析学を構築する」が印象的である。

「曖昧の理論」

以上のことは、ガロアが死の直前に書いた遺書の中に登場する「曖昧《あいまい》の理論」というものとも密接に関わっていると考えられる。これについて最後に簡単に触れておきたい。

次章で述べるように、ガロアは一八三二年五月三十日の決闘――これがガロアを死にいたらしめたと言われている――の前夜、オーギュスト・シュヴァリエ宛に遺書を書いている。その中に次の行がある。

……ぼくの思索の中心は、このところ、超越的解析への曖昧の理論の応用に向けられている。……

（『アーベル／ガロア楕円関数論』高瀬正仁訳、二九三頁）

この「曖昧の理論」が一体何を意味するのかは、現在でも様々に憶測されている。CNRS（フランス国立科学研究センター）主席リサーチディレクターのイヴ・アンドレ氏の論文『曖昧の理論今昔（Ambiguity theory, old and new）』では、これについて多角的に論じられている。それによると、ガロアによる「曖昧さ」の発想は数論や複素解析、超越数論や、さらには数理物理学の量子場の理論にまで見られる遍在性《ユビキティー》の高いものである。例えば、従来においても函数の曖昧さとして捉えられてきた「モノドロミー現象」などはその一例に過ぎない。これらについて解説するのは本書の目的を大幅に越えるので、ここでは詳論しないが、一例として代数方程式論における「曖昧さ」について若干述べよう。これによって、この曖昧さなるものが、実は今まで述べてきた〈難しさ〉に他ならないことが明瞭になるからである。

一次方程式の根は一つしかない。それは簡単であると同時に一つに決まるという意味で曖昧さがない。しかし二次方程式の根は二個同時に現れる。これらを$\alpha$と$\beta$を用いて表すことが多いが、どちらが$\alpha$でどちらが$\beta$なのかは決められないし、その区別は重要でもない。その意味で二者択一の曖昧さがある。そしてその曖昧さを統制するのが対称性、つまり$\alpha$と$\beta$を入れ替えるという対称性である。一般に$n$次方程式は$n$個の根を同時に持ち、それらはすべて平等の立場で現れるので、どれか一個を特定することは（そのままでは）できない。つまりそこには曖昧さが残るわけだが、これを統制するのがまさに「ガロア群」である。ガロア群は数の難しさを記述するものであったが、この見方では数の曖昧さを記述するのだ。まさに数の〈難しさ〉とは、このような意味での数の〈曖昧さ〉に他ならないのである。

このことは代数方程式の根として現れる数だけの話にはとどまらない。函数の難しさは同時に函数の曖昧さでもあるし、空間の難しさは同時に空間の曖昧さでもある。そしてその「曖昧さ」をコントロールするのが「群」という対称性のシステムだ。ガロアによって指摘されるこの数学全体に対する新しい視点をもって、改めて現代数学という学問を眺めてみると、この「曖昧さ」とそれを統制する「対称性のシステム」がいたるところに現れていることに驚嘆させられる。

## ガロアの夢

「ガロアの黙示録」から読みとれる遠大な〈ガロアの夢〉の、今ひとつの根拠として考えられるのは、今問題にしている『序文』だけが書かれて結局完成されなかった著作の目次にも見受けられる。第一部で代数方程式のべき根による可解性を扱った後、第二部では代数函数の積分で表される函数について論じられるはずであった。おそらくガロアは代数方程式の理論において見出した「難しさ（=曖昧さ）を対称性のシステムで記述する」というパラダイムを、後半では函数の「曖昧さ」に適用しようとしたのではないかと思われる。部分的にではあるが、久賀道郎著『ガロアの夢—群論と微分方程式』（日本評論社、一九六八年）の内容を扱おうとした可能性が高い。先に述べた根（数）の曖昧さは函数の曖昧さに素直に敷衍されるからである。

この「難しさ（=曖昧さ）を対称性のシステムの構造で理解する」というパラダイ

ムとしてのガロア理論の図式は、驚くほど強力で一貫したものである。これはそれこそ現代数学のいたるところに見られるのだ。ガロア以後の数学の歴史がこの形で一貫してきたと言っているのではないが、歴史の結果としての現代数学を見渡す一つの視点と考えた場合、それは極めて首尾一貫した数学像を浮き彫りにすると言いたいのである。数や函数や空間それぞれの「曖昧さ＝難しさ」は、すべて互いに密接に関わり合っている。そしてそれらの曖昧さを対称性のシステムで統制するとき、また新たな「曖昧さ」が現れ、さらにそれを統制する高次の対称性がある。現代数学にはガロアコホモロジーなどの、いわゆる「ホモロジー・コホモロジー」という概念があるが、これはこのような〈高次の曖昧さ〉を統制するために考えだされたのだ。ガロアの言葉を、さらに敷衍して言うなら「解析学の解析学の解析学」ということになるだろう。そしてその上またさらに高次の解析学もあるということである。

確かにこのような見方で数学するなら、ガロアが言うように数式だけでは書けないことだらけである。曖昧なものを曖昧なままで対象化できる概念装置、例えば集合論が必要となる。逆に言えば、現代数学でなら集合論の言葉を使って記述するような概念を、ガロアは「曖昧さ」という言葉を使って表現しようとしたのかもしれない。

数学という学問はこのような視点からも鳥瞰《ちょうかん》することができる。このことを二十歳のガロアは筆者に教えてくれた。それだけでも筆者は幸せだ！

# 第七章　一八三二年

# 1　恋愛事件

## 病めるパリ

一八三二年の春、コレラ病は三ヵ月以来人心を寒からしめ、従来の動揺にある陰《いん》鬱《うつ》な沈静さを投じてはいたけれども、パリーは既にずっと前からまさに爆発せんとしていたのである。前に述べたように、大都市は一門の砲のごときものである。弾丸がこめられている時には、火花が一つ落ちかかりさえすれば直ちに発射する。一八三二年六月には、その火花はラマルク将軍の死であった。

（『レ・ミゼラブル』(三)、五五二頁）

一八三二年という年は〈病めるパリ〉を象徴する年だ。「コレラと暴動」の年である。一八一〇年代終りから二〇年代にかけてインドや中国から広がったコレラの流行は、この年の三月パリに達する。パリでは四月の一ヶ月間だけで実に一万二七三三人もの死者が記録されたというから、その猛威がいかに凄《すさ》まじかったかわかる。衛生状態が極めて悪かった貧民街地区での被害が特にひどかった。一日に数百人にもおよぶ死体を運搬・埋葬するために軍隊の砲車も動員された。死体を運ぶ砲車の車輪の音が毎晩ひっきりなしに聞かれたという。

〈病めるパリ〉を象徴していたのは、しかしこれだけではない。コレラ蔓延《まんえん》は実はでっちあげで、政府が秘《ひそ》かに毒を散布しているのだという噂が飛び交った。当時のパリの状況を考えると、この手の噂が政治的な意味合いを帯びるのは不思議でも何でもない。この年の四月は小暴動が多かった。いわゆる「くず屋の暴動」があったのもこの時期だ。コレラ流行によってもたらされた民衆の不安は、当時のパリという社会空間における新たな民衆暴動の危機を生み出したのである。

そして六月五日からの有名な「ラマルク将軍追悼暴動」だ。ユーゴー『レ・ミゼラブル』では、この暴動事件は極めて重要な事件としてストーリーに組み込まれ、詳細に語られている。この暴動では、初恋の相手コゼットを失ったと勘違いして自暴自棄となったマリユス・ポンメルシーが瀕死《ひんし》の重傷を負うが、ジャン・ヴァルジャンの超人的な働きによって奇跡的に助け出される。

この「六月暴動」が起こった頃には、ガロアはすでにこの世にいなかった。しかし、だからといって彼がこの暴動とまったく無関係ではないかもしれないのだ。少なくとも謎多き彼の死をめぐる諸説の中には、彼の死が六月暴動と密接に関わっていたとするものもある。

六月暴動をマリユスは生きて迎え、ガロアは死んで迎えた。この二人――一人は小説中の架空の人物で、もう一人は謎多き実在の人物――には何かと共通点や対照的な点が多い。マリユスは一八一〇年あたりの生まれと思われるから一八一一年生まれのガロアとは歳が近い。両者とも共和主義者であり、共和主義結社のメンバーであった。父の死により大きな人生の転機を迎えたことも共通している。もちろん対照的な側面も多い。なによりもマリユスにはジャン・ヴァルジャンがいたが、ガロアにはいなかった！

フォートリエ療養所

マリユスとガロアの共通点の中でもひと際目を引くのは、彼らがほぼ同じ時期に初恋を経験していることだ。そしてここでも対照的なのは、マリユスはその恋愛をジャン・ヴァルジャンの働きで最終的には成就させたのに対して、ガロアは辛《つら》い破局を経験する。

サント・ペラジー監獄に予防拘禁されていたガロアの裁判がようやく始まったのは、一八三一年の十月二十三日であった。起訴内容は国家警備砲兵隊の制服の無断着用による軍服令違反。十二月三日に出た判決は「有罪」、一八三二年四月二十九日まで監獄に服役することが決まった。

ところが一八三二年三月になってコレラ流行の兆しが見え始めると、政府は囚人を衛生状態の悪いサント・ペラジー監獄から、より衛生状態のよい場所に移送することにした。ガロアは三月十六日にフォートリエ療養所に身柄を移される。

フォートリエ療養所は当時の住所でルルサン通り八十六番地、現在の住所ではブロカ通り九十四番地にあった。前述したようにサント・ペラジー監獄はサント・ジュヌヴィエーヴの丘の南東の中腹にあるが、ここから丘を南西方向に降りていくと数百メートルほどでフォートリエ療養所のあった場所に行き着く。現在ではアラゴ大通りがそばを走っているその場所には、一九五〇年代に療養所にとって代わった比較的新しい外観の集合住宅が建っている。

このフォートリエ療養所の中でガロアは運命的な初恋をした。インフェルトの本では「エーヴ・ソレル」という名前で登場するお相手の女性は、今では誰だったのか特定されている。それは療養所の医師ポトラン・デュモテル氏の娘、ステファニーという女性であったということだ（Infantozzi, 1968）。

## 破局

ガロアのこの恋愛がどのような状況でどのような経過をたどったのかについては、具体的なことは何もわからない。ただ、この恋愛がうまくいかなかったことはほぼ確実である。釈放後のガロアが五月二十五日にオーギュスト・シュヴァリエに宛てて書いた手紙が、このことを裏付ける。

親愛なる友よ、慰められるべき悲しみを持つことは喜びだ。苦しみながらも友人を持つことは本当に幸福だと思う。使徒の塗油に満たされた君の手紙は僕に若干の平安をもたらしてくれた。それでも僕が経験したような激しい感情の傷跡を、どうやったら打ち砕けるというのだろう？

一ヶ月のうちに一人の男の幸福の最高の源泉を、もはや幸なく希望もなく一生分使い果たしてしまった者を、どうやって慰められるというのか？

あぁ！　平和を説く者にしたがいたまえ！　この世に哀れみを感じる者を求めたまえ。哀れみ、まさか！　憎悪、それこそすべてだ。現在に対する嫌悪、これを深く感じない者は未来への真の愛も持たない。

たとえ僕の信念が激しさを必要としなくても、それは僕の心の中にある。僕は復《ふく》讐《しゅう》の念の苦しみから逃れたいとは思わない。

その他の点では、僕は君に賛成する。

だけど、もうたくさんだ。善い行いができるよう定められていながら、しかし決してそれを経験できない者はいるのだ。僕もそんな一人だと思う。

僕を愛する者は、この世で僕が背負う困難を克服するのを助けなければならないと君は言ったね。君も知っているように、僕を愛する者はとても少ない。それはつまり、君が君自身の役割と考えることは、僕が相応《ふさわ》しいと思うことのためにベストを尽くさなければならないということなんだね。だけど今まで百回も言ってきたように、君の努力は報われないと、僕は君に警告しなければならない。

僕がいずれもう研究しなくなるだろうという君の残酷な予言を、僕は信じたくない。でも僕は、それがあり得ないことではないと告白する。学者になる上でそれだけが僕に欠けているものだ。僕の心は頭に対して反抗してきた。でも僕は君のように〈残念なことだ〉と付言することはしない。

かわいそうなオーギュストよ、君が献身している人からの、この率直で副次的な言い草が、君の感受性を傷つけたとしたら許してくれたまえ。僕の矢は鋭くないし、僕の笑いは辛辣《しんらつ》じゃない。僕のおかれている焦燥状態だけでも大きなことなのだ。

六月一日に会おう。六月最初の二週間はしょっちゅう会えるといいのだが。十五日あたりにはドフィーネへ向けて出発するつもりだ。

敬具

E・ガロア

〔追記〕君の手紙の中に、僕の心や頭や手を汚す堕落した世界の腐敗した泥のために僕が中毒にかかっていると、僕を非難しているフレーズがあるね。
激しい人々の目録の中では、それに勝る非難はないよ。
陶酔！　僕はすべてに幻滅した、愛の栄光さえも。僕が毛嫌いしている世間が、どうやって僕を冒瀆《ぼうとく》できよう？　よく考えてみたまえ。

サン＝シモン主義者のシュヴァリエは、当時メニルモンタンの丘にあるサン＝シモン教会にいた。この手紙はシュヴァリエからガロアに宛てた別の手紙への返信であることがわかるが、この内容から察するに、シュヴァリエはガロアにサン＝シモン的な人類の相互扶助の思想に訴えることで、傷心のガロアを慰めようとしたのだろう。しかし「百回も言ってきたように……」とあるように、この思想にガロアは同意できなかった。今や失恋の痛手は、彼が従来から抱いている世間からの抑圧感と、見事に歩調を合わせてしまっている。彼は全身全霊を込めて世間に対する、そして彼を傷つけた女性に対する憎しみの念を燃やしている。

破かれた手紙

ガロアの失恋の状況を示す決定的な証拠は、彼の紙束の中から見つかったステファニーからの二通の手紙のコピーである。これらは途中、極めて断片的になっているので、多分怒り狂ったガロアがオリジナルの手紙を破った後に、気を取り直して作ったコピーなのではないかと推察される。しかし、断片的になるなり方が単語単位の歯抜けという形になっているので、コピー時にこれらの単語を回復できなかった可能性とともに、いくつか重要な単語をガロア自身が意図的に書かなかった可能性もある。一通目には五月十四日の日付があるが、二通目——多分一通目の後のものだと思われる——には日付はない。

〔一通目〕どうかもう、このことは終りにしましょう。このような関係を続けていくには、私には賢慮が足りないのです。でも、何事も起こらなかった以前のような状態で、貴方《あなた》と交際できるように努力致します。……そして起こらなかったことを、そして今後も決して起こらないことについて考えるのをやめ……

〔二通目〕貴方の忠告にしたがって考えました……起きたこと……貴方と私の間に生じるかもしれないあらゆる名称……。いずれにしても、貴方様、もうこれ以上なにもないのです。貴方の想像は間違ってますし、貴方は根拠のないことを悔いています。……真の友情はほとんど同性の間にしか、特に……存在しません。……空虚の中に満ちた……この種の感情の欠如……私の信頼……でもそれは傷ついてしまったのです……貴方は私が悲しいと思ってました……貴方はその理由を尋ねました。私には誰かに押し付けられた悲しみがあるのです、と私は答えました。貴方はそれがこんな……言葉をふと口にする者の目の前にいる誰かだと悟ったと、私は思ってました……私の内面の平静によって、一生懸命考えなくとも、普段目にする人々を裁く心の自由を得ました。これが、私が人を鑑定するのに失敗したことを、ほとんど後悔しない理由なのです。私は貴方の意見に同意しません……私のためにして下さるすべてのことに感謝致します。

片思いだったとか、勘違いだったとまで言えるかどうかはわからない。しかしこれらの手紙が暗示するように、ガロアの初恋は少なくともその結末においては、かなり一方的なものだったようだ。

## 2 決闘

### ガロアの死の謎

いよいよガロアの生涯も、その最終段階に入った。すなわち彼の死である。ガロアの死は現在でも謎が多い。多くの人々が様々な解釈を発表しているが、どれも決定的なものとは言い難い。それは深い闇に閉ざされている。確実なことは、ガロアは一八三二年五月三十一日にコーシャン病院で死んだことである。コーシャン病院での検死解剖結果が残されている。

良き数学者にしてその熱烈な想像力で有名な二十一歳〔訳註《やくちゅう》：二十歳の間違い〕の若いエヴァリスト・ガロアは、二十五歩の距離から撃たれた銃弾を受け、十二時に重度の腹膜炎で死んだ……

この結果は『ガゼット・デ・ゾピトー（Gazette des Hôpitaux）』紙に、ガロアの死の一週間後の六月七日に掲載されたものである。検死結果冒頭の「良き数学者にして……」は、当時からガロアが一般の人々の間で数学者としても著名であったことを物語っている。

余談ながら、コーシャン病院は現存しており、当時の位置も現在と同じでRER（B線）ポール・ロワイヤル駅近く、十四区の北東隅にある。バルザック小説の登場人物ビアンションがインターン生をしていた病院だ。

この検死結果からすると、ガロアは銃弾を受けたことによる腹膜炎で死んだことも確実だとしてよい。また検死結果の後の方の記述によれば、彼の頭蓋骨《ずがいこつ》には何らかの特徴ないし異常が見られたらしく、頭蓋骨形成における何らかの異常を示唆しているようであるが、筆者は専門家ではないのでわからない。

ガロアが銃弾を受けたこと、しかも「二十五歩の距離から」とまで詳細にわかっていることの背景には、実はガロアが一八三二年五月三十日に決闘をしていたこと、そしてそこで受けた銃弾が致命傷となったという通説がある。先の解剖所見はこの通説を不完全ながらも裏書きしていると見てよいだろう。実際、当時のピストルによる決闘では、決闘人両者の間の距離として「二十五歩」がよく用いられたからである。

## 決闘の歴史

現代の文明国では個人間の対立を決闘によって解決するということはほとんど耳にしないが、当時のフランスでは決闘はかなり頻繁に行われていた。小説の中にも登場人物間の決闘はしばしば出てくる。スタンダール『赤と黒』のジュリアンはボーヴォワジとの〈あっけない〉決闘で腕に銃弾を受けるが、帰り道には二人並んで馬車に乗っていた。「なんだ！　決闘なんてこれだけのことか！」とジュリアンは感じている。

モンテ・クリスト伯爵はアルベールに決闘を挑まれたが、危ないところで回避された。

バルザック小説中に登場するタイユフェル氏の一人息子フレデリック・ミシェルは、決闘を装った罠《わな》にかかって暗殺される。記録ではフランスでの最後の決闘は、なんと一九五八年に行われたという。舞踏家のセルジュ・リファールとクエヴァス侯爵の間で、多くの見物人や報道関係者の見守るなか行われたというから驚きだ。結果はリファールが肘《ひじ》を負傷したところで止められたとのこと。

そもそも決闘の歴史は古く、タキトゥス『ゲルマニア』まで遡《さかのぼ》れるという。十五世紀頃までは決闘は公的なものであり、〈正義の果たし合い〉として裁判の代わりに行われていた。しかし、その後その正当性が疑われるようになると、決闘は個人間の私闘という形をとるようになる。特にフランスではその様式に礼節や美的趣味が付け加わる。

実際、近代の決闘には様々な作法があった。一八三八年のフランスの『決闘章典』には、実に八十四箇条もの規則が連ねられている。例えば、当時の決闘には必ず介添人が付いたが、そのあたりのとり決めを見てみよう。

（一一）対決が挑まれ、決闘が決まったなら、両者の側からお互いの名前と住所を聞いてもよろしい。

（一二）その後ただちに介添人を決め、互いに自分の介添人の名と住所を知らせあうべきである。

（中略）

（一六）決闘はすべて、非礼のあった時から四八時間以内に行われるべきであるが、介添人による定めがあればこのかぎりではない。
（一七）ピストルまたはサーベルを用いた場合には決闘者両者からの二人の介添人が必ず立たなければならない。剣が使われる場合は一人で充分である。
（一八）決闘を行うかどうかを決め、当事者に意見を述べるのは二人の介添人の務めである。決闘を避けうるあらゆる可能性を当事者とともに検討してから、もう一度介添人だけで会い、事態を仲良く解決するよう全力を尽くす。それが失敗に終わったなら、そこで武器と時間、場所、距離、戦いかたを決め、同時に決闘の場で起こりうるどのような不測の事態にも対処できるように手筈をととのえておかねばならない。

（藤野幸雄『決闘の話』三八―四〇頁）

近代の決闘でも当事者が死亡する危険はもちろんあったが、その可能性は今の我々が考えるよりはるかに低かったようだ。

……決闘で生命を危険にさらすことは事実である、しかし、危険率は大方の考えているよりはるかに少ない。人が死ぬ割合は約一四対一であり、弾丸があたる率は六対一である。

（同、一八―一九頁）

決闘の原因となる個人間のいさかいは、そのほとんどが「名誉」に関するものだ。名誉を傷つけられた者は傷つけた者に決闘を挑む。これは当時のフランスでは当たり前のことであった。その名誉が当事者のものでない場合も多い。例えば女性をめぐる決闘などはそうである。自分の愛する女性の名誉が傷つけられた場合、その相手に対して決闘を挑むのは当然の美徳であった。

第一帝制から王制復古、さらに第二共和制から第二帝制、第三共和制と移り変わる目まぐるしい変化のなかで、モラルは地に落ちて、プライドだけが先行していた。この期間には女性をめぐる争いが多かった……　（同、一〇四頁）

一人前の男ならいつ何時《なんどき》決闘を挑まれても大丈夫なように、普段から剣術や射撃の稽古《けいこ》を怠らなかった。ロマンティックにも見えるが、男たちにとっては大変な時代だったのだろう。

**遺書**

以前引用した五月二十五日付シュヴァリエ宛の手紙には、彼が数日後には決闘で死ぬ運命にあることは何も示唆されていない。「六月一日に会おう」とか、六月中旬には「ドフィーネへ向けて出発する」という予定が書かれている。現実にはガロアは五月中に亡くなることになるのだが、この手紙が書かれた五月二十五日の段階ではガロア自身そのような運命にあることをまったく予期していなかったことがわかる。このあたりの事情も、ガロアの死が決闘によるものであったこととつじつまが合う。決闘は挑戦を受けた翌日または翌々日に行われることが多かったからだ。

おそらくガロア自身まったく予期していなかった「決闘」に、突如として巻き込まれるにいたったこの数日間には一体何があったのか。残念ながら現存する資料からそれを読みとることはできない。次に資料中に現れるガロアの足跡は、実に決闘の前日二十九日にガロアが共和主義の同志たちに送った手紙によってわかるものだけである。

愛国者たち、友人たちよ、国のためでない理由で死に行くことを非難しないでほしい。

僕は破廉恥な娼婦《しょうふ》(coquette)と、その女に欺かれた二人の人の犠牲者として死ぬのだ。惨めな陰口の中で私は命を落とすのだ。

あぁ! なぜそんなつまらないことのために、そんな卑劣なことのために死ななければならないのだろう!

あらゆる手段を講じて避けんとした挑発に屈することを強いられたと天は証言するだろう。冷静には聴いていられないような破滅的な事実を君たちに知らせることを申し訳なく思う。しかしついに僕は真実を語ったのだ。虚妄と、そして愛国の血に対するはっきりした意識を持って僕は墓に入ろう。

さらば！　僕は公益のためによい人生を送ってきた。

僕を殺す者を許したまえ、彼らは誠実な人たちなのだ。

パリ、一八三二年五月二十九日

E・ガロア

共和主義者たちに送られたこの手紙の他に、同日付でガロアと特に親しかった二人の共和主義者仲間に宛てた次の手紙がある。

友人たちよ、

僕は二人の愛国者から挑戦を受けた……。断ることはできなかった。

君たちのどちらにも知らせなかったことを許してほしい。

しかし僕の相手は愛国者たちには通告しないことを〈名誉にかけて〉要求したのだ。

パリ、一八三二年五月二十九日

君たちにお願いしたいことは簡単なことだ：僕は自分の意志に反して闘ったこと、和解のための万策し尽くしたことを証言してほしい。そして僕が嘘をつける人間か、こんなちっぽけなことで嘘をつく人間かどうか語ってほしい。

僕を忘れないでほしい。この国が僕の名を心に刻みつけるほどには、僕は長くは生きられない運命だったのだから。

君たちの友人として死ぬ。

パリ、一八三二年五月二十九日

これらの手紙の他に、現在では大変有名になっているガロアの「遺書」、オーギュスト・シュヴァリエ宛に書いた長文の手紙が残っている。

親愛なる友よ、

僕は解析学においていくつか新しいことをやった。

そのいくつかは方程式論に関するもので、他のいくつかは積分で表される函数《かんすう》に関するものだ。

方程式論においては、僕はどの方程式がべき根で解けるのかを研究した。これによってこの理論を深める機会を得、べき根では解けない場合も含めて、方程式に作用する可能なすべての変換を書き出すことができた。

これらすべてを三つの論文にまとめることができる。

第一の論文はもう書かれており、ポアソンの所見にもかかわらず、僕はこれを修正の上保管している。

二番目の論文は方程式の好奇心をそそられる応用を含んでいる。ここにその最も重要な点をかいつまんで書いておこう……

この有名な手紙の全文訳はすでに出版されている（『アーベル／ガロア楕円《だえん》関数論』二八七頁以降）。この手紙はおそらく三十日の決闘の前夜に、ほぼ徹夜して書かれたものであると推察される。この中でガロアは自分が今まで得た数学上の発見の数々を、何とかして書面に残しておこうともがいている。

……親愛なるオーギュスト君、君も知っているように、これらが僕の探求したすべての題目ではない。僕の思索の中心は、最近は超越解析の曖昧《あいまい》の理論への応用に向けられている……（中略）……しかし僕には時間がない。僕のアイデアはこの広大な分野において十分に発展されたとは言えないのだ。

この手紙を百科全書誌に掲載してほしい。

僕は人生の中で自分が十分に確信の持てない命題を提示するという危険をしばしば冒してきた。しかしここに書いたことはすべて僕の頭にあってもうすぐ一年になる。それに僕が完全には証明しきれてない定理を公言していると疑われるのは僕の望むところではない。

ヤコビかガウスに、これらの定理の正しさではなく重要性について、公の場で意見を求めてほしい。

その暁には、この乱雑な記述を読み解いて利になることを見出《みいだ》す人々も出てくるものと期待している。

ほとばしる心を込めて君を抱きつつ、

E・ガロア

同時にその夜、ガロアは手元にあった論文の修正も大急ぎで行っていたものと思われる。アカデミーから〈突っ返された〉一八三一年の論文には、ガロア自身による修正の跡がいくつも残されている。二つ目の命題の証明の部分には、次のような書き込みもある。

この証明を完成させるための方法がある。でも私には時間がない。

彼にはとにかく時間がなかったのだ。決闘を挑まれたことが本当であったとすれば、それは突然のことであったのだろう。

## 決闘

五月三十日に行われたとされているガロアの決闘の詳細についても、残念ながらあまりはっきりとしたことはわからない。とにかく謎多き決闘なのだ。

まず気になることは、決闘の相手は誰だったのかということだ。この問題については現在でも諸説紛々し、決定的な解決は得られていない。とはいえ、ガロアの決闘の相手は、ガロアと同じく「人民の友」のメンバーで共和主義運動家だった二人、ペシュー・デルバンヴィルとデュシャートレの、少なくともどちらかであったのだろうと、多くの専門家は信じているようだ。このことは五月二十九日にガロアが書いたいくつかの手紙の内容と照らし合わせても、つじつまが合っている。一つ目の手紙の最後に「僕を殺す者を許したまえ、彼らは誠実な人たちなのだ」と述べていることは、相手が自分たちの〈仲間〉であることを想像させるし、二通目の手紙の冒頭「僕は二人の愛国者から挑戦を受けた」は、相手が自分たちと同じ共和主義者であることを暗示している。自分と対決する相手に対する気遣いが感じられることは、いずれにしても特筆すべきことである。のみならず、当時の警視総監ジスケが一八四〇年に記した回想録の中には「〔ガロアは〕友人によって殺された」という行がある。決闘の相手が彼らの仲間内の人物であった可能性はかなり濃厚だと言えるだろう。

では、決闘の相手はその二人のうちのどちらだったのか。これは難しい問題であるが、現在ではデルバンヴィル説が濃厚であるようだ。ロスマンは当初デルバンヴィル説を推し、その後デュシャートレ説に傾いたが、結局どちらかに特定することはあまり重要ではないとサジを投げてしまった（Rothman, 1989）。他方、デルバンヴィルについては、いくつか有望な根拠がある。まず、前章で触れた大デュマの回想録の中で、デュマははっきりとガロアがデルバンヴィルに殺されたと述べている。また、六月一日付のリヨン市の新聞『プレキュルスール（Le Précurseur）』はガロアの決闘による死を報じた記事の中で、決闘の相手のイニシャルが L.D. であることを伝えているが、これはデュシャートレより、しばしば自分の名前を「ルペシュー・デルバンヴィル（Lepescheux d'Herbinville）」と綴《つづ》っていたデルバンヴィルの可能性が高いと、最近の研究（Courcelle, 2015）でも述べられている。

次に気になるのは、決闘がどこで行われたかということである。これについては、資料となり得るものは一つしかなく、しかもはっきりしていない。それはデュピュイの記述で「決闘は三十日早朝、ジャンティイー地区、グラシエールの沼のそばで行われた」(Dupuy, p.250) とある部分である。ジャンティイー(Gentilly) というとパリの地理に詳しい人ならRER(B線)の同名の駅を思い出すだろう。しかし十九世紀前半頃の古地図を見てみると、ジャンティイー地区はこれよりかなり北にまで広がっていた。当時のパリには市壁があったことは以前も触れたが、その頃のジャンティイー地区はトルビアック通りを中心とした市壁の外一帯、現在は十三区となっている一帯にかなり食い込んでいる。現在の地名でイタリア広場あたりから南側はジャンティイー地区であった。

このあたり一帯は、現在でも地形がかなり複雑になっている。特に十三区南西部、トルビアック通りより南側は、以前、湖か何かあったと思わせるように広い範囲にわたってくぼ地になっている。実際、この付近が市街化したのは二十世紀初頭以降である。マレ地区にあるカルナヴァーレ歴史博物館には、十九世紀前半以前のこの付近の風景を描いた風景画もあり、ところどころに家屋が点在する湿地帯であったことがわかる。

そこで古地図を見てみると、現在の十三区付近には、当時セーヌ河の支流であったビエーヴル川が流れていた(現在は暗渠《あんきょ》となっている)。「ゴブランの小川」とも呼ばれていたこの川の流れは、問題のくぼ地のあたりで大きく湾曲し、そこにちょっとした沼を形成していた。その付近には現在、グラシエール通りが走っている。デュピュイの記述を信じるなら、ガロアの決闘はおそらくこの付近で行われたものと思われる。

ここからコーシャン病院までは距離にして一キロ程度であるから、瀕死《ひんし》のガロアを運び込んだ病院としても無理はない。

これでもまだかなり大雑把にしかわからないが、この場所について思い起こされるのは、ユーゴー『レ・ミゼラブル』のマリユス・ポンメルシーが、コゼットを失った(と思い込んだ)苦しみを紛らわすために逍遥《しょうよう》した「雲雀《ひばり》の野」だ。

サン・ジャック街を進んでゆき、市門を横に見て、郭内の古い大通りをしばし左にたどってゆくと、サンテ街に達し、次にグラシエールの一郭に達し、それからゴブランの小川に至りつく少し前で、一種の野原に出られる。それはパリーをとりまく長い単調な大通りのうちで、ルイスダールにも腰をおろさせそうな唯一の場所である。

……(中略)……

その場所はわざわざながめに行くに足るほどの景色だったが、だれもやって来る者はなかった。十分二十分とたたずんでも、ほとんど荷車一つも人夫ひとりも通らなかった。

(『レ・ミゼラブル』(三)、二三七—二三八頁)

マリユスがガロアとほぼ同時期に初恋し、ほぼ同時期に苦しんだ一八三二年春に、マリユスはこの場所にやってきていた。そしてそれからほんの一、二ヶ月後には、このあたりでガロアが決闘に倒れたかもしれないのである。

以上のことは、もちろん完全に確かだとは断言できないにしても、それなりの状況証拠の積み重ねからある程度は信用できるであろう。しかし、ガロアの決闘についての最大の謎は、それが一体なぜ行われたのかという点である。これについては現在にいたるも、基本的には何も明らかになっていない。決闘の原因については諸説あり、どれにもそれなりの説得力があるとはいえ、どれも決定打に欠けている。現在まで検討されている説は、主に「陰謀説」、「自殺説」、「恋愛説」の三つである。以下これらの説について説明し、簡単ではあるがいくつかの考察を加えてみよう。

## 陰謀説

これはインフェルトが採用している説である。その骨子は、ガロアの決闘の相手——おそらくはデルバンヴィル——は、実は警察側のスパイであり、巧みに——それこそ恋愛沙汰《ざた》を装って——ガロアを決闘に導き殺したというものだ。つまりガロアは、実は決闘に見せかけた暗殺によって殺されたとするものである。

この説を支持する理由の中で有力なものは、ガロアは決闘後に瀕死の状態で一人で倒れていたところを、通りかかった農夫に発見されてコーシャン病院に運び込まれたという事実である。先にも述べたように、当時の決闘の作法によれば、決闘は当事者だけでなくその介添人や記録係などが見守る中で行われるはずであったから、これはとても奇妙な話だ。しかし、彼の決闘が実は暗殺だったとすると、この事実も説明できることになる。

この説は、しかし、多くの人々によって反駁《はんばく》されている。例えばロスマン（Rothman, 1982）はその反駁の根拠をかなり詳細に挙げているが、その中から主なものを見てみよう。

・デルバンヴィルが警察のスパイであったとは考えにくい。

当時、共和主義者の中に警察のスパイが多数いたことは事実である。これらのスパイたちは、一八四八年の二月革命に際して正体を暴かれた。しかし、その暴かれたスパイたちのリストの中にはデルバンヴィルは入っていない。のみならず、彼はガロアと同じく国家警備砲兵隊の隊員であり、前章で触れた「十九人（実際は十六人）の裁判」で裁かれた一人である。この裁判で彼は熱烈に政府批判を行っており、無罪判決の後には民衆の喝采《かっさい》を浴びた一人でもあった。その意味では、デルバンヴィルはまさに熱烈な愛国者であり、政府のスパイであったとはとても考えられない、というのである。

・ガロアは本当に一人置き去りにされたとは言い切れない。

デュピュイによれば、当日の決闘を見守っていた人物が、翌日その模様をガロアの母に報告したとのことである。警察のスパイらしからぬ行動だ。また彼は、ガロアが置き去りにされたように見えたのも、重傷のガロアを助けるため各人が医者を呼びに行っていたところを、農夫に発見されただけだったかもしれないと述べてもいる。

## 自殺説

これはリガテッリ（Rigatelli, 1996）と木村俊一氏（『天才数学者はこう解いた、こう生きた』講談社選書メチエ、二〇〇一年）により独立に唱えられたものである。その主旨は以下の通り。ガロアは政府打倒の歴史的な民衆蜂起《ほうき》を起こすためなら、自分の命を犠牲にしてもよいと常々言っていた。一八三二年春になってパリに不穏な空気が流れ始めたとき、彼は自分の死によって民衆を立ち上がらせるよう共和主義者仲間数人と打ち合わせ、政府の陰謀により暗殺されたと見せかけるよう、意図的に自分の決闘を演出した。つまり、民衆を鼓舞するために自殺したというのである。

この仮説にしたがえば、例えば、先に引用したガロアの五月二十九日の手紙の中で、しきりに自分が間もなく死ぬことを前提としていることもうなずける。前述したように、当時から決闘とは必ずしも当事者の死を前提としたものではなかった。むしろ決闘によって死ぬということは珍しかったのだ。そう思えば、ガロアがしきりに手紙の中で自分の死を前提としているのは少々不自然なことだ、と思う人もいるだろう。自殺説はこの不自然さに一定の説明を与えることができるのである。

また——残念ながらガロアの死によってではなかったが——ガロアの死の直後には、確かに「六月暴動」が起こっている。この暴動はガロアの死の翌日六月一日に亡くなったラマルク将軍の死がきっかけとなっていた。大物のラマルクの死によって世間の目から隠されていなければ、ガロアの死がこの暴動のきっかけとなっていたであろうというのが、この「自殺説」の論旨だ。またリガテッリは、前出の『プレキュルスール』がガロアの死の経緯を報じている中に、ガロアのピストルには弾丸が入ってなかったとほのめかされていることも有力な根拠として挙げている。

しかし、この説にも反駁の余地は多く残されている。例えばロジャー・クックによるリガテッリの本の書評（Cooke, 1998）ではいくつか反論点が挙げられているが、その中でも有力なのは、ガロアが五月二十五日のシュヴァリエ宛の手紙で「六月一日に会おう」とか、六月中旬には「ドフィーネへ向けて出発する」という予定を書いていたことをどう説明するかというものであろう。もちろん「人民の友社」のこの企《たくら》みが外部に漏れないように、ガロアはシュヴァリエをも欺いたという考えもできる。しかし、それが本当に無理のない解釈なのかどうかは議論の余地がある。

筆者は「自殺説」を積極的に否定する根拠を持ち合わせていないが、一つ気になる点は、ガロアの決闘が行われた五月三十日は水曜日であったということだ。第五章冒頭でも述べたように、当時のパリにおいては街頭での騒擾《そうじょう》を最も発火させやすかったのは月曜日であり、このことは警察側にも、またこれに反抗する民衆側にも十分明確に意識されていた。例えば、七月革命の引き金となったシャルル十世の「七月勅令」が出されたのは日曜日であり、これが次の月曜日における騒擾誘発のきっかけとなっていた。

そうだとすると、民衆暴動を誘発するというはっきりとした目的を持っていたはずのガロアの決闘劇が、次の月曜日からはほど遠い水曜日に行われているのは多少なりとも気になる点である。ラマルク将軍が死んだのは金曜日であり、その葬儀に端を発した六月暴動の第一日目六月五日は、七月革命における〈栄光の三日間〉の第一日目と同じく火曜日である。ガロアが自らの死によって民衆を蜂起させようとするなら、その死の日を金曜日や土曜日に設定するべきではなかっただろうか。

## 恋愛説

以上述べてきた理由により、筆者は陰謀説も自殺説も信じていない。そして、これら二つの仮説を否定するなら、残りは恋愛沙汰による決闘だったとする説が有力となる。ある意味、この最も平凡な仮説が最も自然な考え方であることも事実だ。共和主義者仲間に宛てたガロアの二通の手紙も、この仮定のもとではすんなり読めるし、直前まで彼が自分の死をまったく予見できていないように見えるのもうなずける。彼の死は「国のためでない理由で」のものであったし、「破廉恥な娼婦と、その女に欺かれた二人の人の犠牲者として死ぬ」のである。そしてその決闘が、ガロアの初恋の相手であったステファニー嬢をめぐるものであったことも自然に推察できる。

もっとも、実際にはステファニー嬢はガロアが言うような〈破廉恥な娼婦〉などではなかった。彼女はフォートリエ療養所の医師の娘として生まれ、後に言語学者のオスカー＝テオドール・バリュ氏と結婚している。身持ちという点で決して恥ずべき女性ではなかった。しかし、若くて攻撃的なガロアにはそのように考えられるだけの冷静さがなかっただろうから、この点は特に反駁材料とはならない。

恋愛説に対する反論としては、後年ガロアの弟アルフレッド・ガロアがしきりに、兄は政府によって暗殺された、と述懐していたことがある。であるから、この最もありきたりな仮説を信じるか信じないかは、この弟ガロアの証言の信憑性《しんぴょう》にかかっている。これについて筆者は最終的な判断が下せる状況ではもちろんない。とはいえ、恋愛関係のトラブルによりガロアは仲間との決闘に巻き込まれたという、この最もありきたりに聞こえる仮説が、実際のところ最も自然に受け入れられるものであることは、以上の議論からもわかるであろう。

## その後

恋愛説が有力であるとはいえ、究極的にはガロアの決闘の原因はわからない。「陰謀説」、「自殺説」、「恋愛説」のどれも魅力的なシナリオであるが、どれも決定的ではない。しかし、これらの考えられ得るどのシナリオにおいても、ガロアの数学の重要性に見合うほどの、その数学を捨ててまで命を賭《か》けなければならないほどの理由を見出すことはできないのである。そう思うと、その数学からあまりにも壮大な夢を見てしまっただけに、ガロアという若者の行動には少なからず幻滅を覚えずにはいられない。「なんということだ！」との感を禁じ得ないのである。

コーシャン病院で死を目前に控えたガロアは、彼を看取《みと》りに来たアルフレッドにこう言ったという。

「泣くな。二十歳で死ぬためにはあらん限りの勇気が必要なのだ」

ガロアの遺志を受けたシュヴァリエは、ガロアの遺稿を整理し、できる限りのことをした。その論文は多くの数学者たちに送付された。ガロアの仕事が本格的に善意を持って受け入れられるようになるには、しかし、一八四六年まで待たなければならなかった。この年、ジョゼフ・リューヴィル（一八〇九—一八八二）がガロアの仕事をまとめ『純粋および応用数学年報』に発表した。

……ガロアはもういない。無益な批判にふけるのはやめよう。欠点はそのままにして、長所をみよう……（中略）……私の熱意は報いられた。二、三のわずかな空白を埋めて、ガロアの方法の完全な正しさを知ったとき、私は強烈なよろこびを感じた……

（『数学をつくった人びと』下、七七頁）

リューヴィルはこう述べて、ガロアの仕事を発掘した喜びを伝えている。ガロアの理論はその後、多くの人によって研究され解釈され、そして整理された。その理論がいかに強力で、どれだけ現代数学を先取りした素晴らしいものであったかはすでに述べた。

これだけのものを残してガロアは死んだ。彼が生前シュヴァリエ宛の遺書で語っていた彼の理論の重要性は、今では疑いようのない真実となっている。そして、その〈黙示録〉に記された数学の将来に対する大いなる予言は、天才らしい驚くべき啓示に満ちあふれたものだ。

それだけにガロアの死が、その早過ぎた死が悔やまれる。彼の死の原因が一体何だったのかはわからないが、それが彼の若さゆえの、そして無鉄砲で攻撃的な性格ゆえのものであったであろうことは争えない。マリユスは初恋の相手コゼットを失ったと思い込み、自暴自棄になって六月暴動に参加する。そこで瀕死の重傷を負った彼は、しかしジャン・ヴァルジャンの働きによって見事に再生し、コゼットとの愛をも成就した。大デュマ『モンテ・クリスト伯』のマクシミリヤンはヴァランティーヌの死によってうちひしがれ、自殺を決意する。しかし〈超人〉モンテ・クリスト伯爵はヴァランティーヌを〈生き返らせ〉ることで、見事に彼の希望を再生させる。

残念ながらガロアにはジャン・ヴァルジャンもモンテ・クリスト伯爵もいなかった。コーシーこそガロアにとってのジャン・ヴァルジャンとなり得た人だったかもしれない。しかしその彼は亡命によってガロアの前から姿を消していた。ガロアは世の中のすべてに幻滅していた。しかし本当に一縷《いちる》の希望もなかったのだろうか？

これだけ素晴らしい数学の世界を見ていながら、ガロアはどうしてこんなにも早く死んでしまったのであろうか？　本当にそれが運命だったのか？……ガロアに話しかけることができたら、筆者でなくとも言いたいだろう。モンテ・クリスト伯爵が最後にマクシミリヤンとヴァランティーヌに与えた有名な言葉を。

待て、しかして希望せよ！（Attendre et espérer!）

# あとがき

中公新書からの前著『数学する精神』と『物語　数学の歴史』に続く三冊目として、ガロアについて書いてみようという話になったのは、昨年（二〇〇九年）八月末のことだったと思います。それ以前から、高校生や社会人のための数学講座などで、ガロアの生涯についての様々なエピソードや、本書でも触れた「難しさによる分類」とか「曖昧《あいまい》さの数学」といった魅力的なキーワードについて話をする機会が多くありました。そのようなわけで、この機会に数学者、そして人間としてのガロア像を首尾一貫したものにまとめてみたいという動機で書き始めたわけです。

私は仕事でパリに行くことが多いのですが、今年（二〇一〇年）は二月と九月の二回パリに滞在する機会があり、仕事のあい間を見つけては、ガロアゆかりの場所を訪ねてパリの街をさまよい歩きました。パリは十九世紀後半のオスマンによる都市改造のため、ガロアが生きていた頃に比べると、その姿は大きく様変わりしています。当時の地形や街路の形、通りの名前や番地の付き方などを調べるために、マレ地区にあるパリ市歴史図書館（Bibliothèque historique de la ville de Paris）に何度も足を運びました。また、十九世紀前半のパリの古地図なども買って、街歩きの参考にしたりもしました。気温マイナス四度の寒い朝に、ガロアの決闘の場所と思《おぼ》しき一帯をそぞろ歩いたりしましたが、ガロアの幻影を求めてパリの街をさまよい歩くのは楽しく、数学のもう一つの楽しみ方かもしれないと感じたりもしました。

本文では触れませんでしたが、ガロアは死の直前までベルナルダン通り十六番地（16 rue des Bernardins）という場所に住んでいました。この付近は、オスマンのパリ改造以前と比べて、番地の付き方は変わっていないようです。もっとも、そこに建っている家は当時のものとは違っているかもしれません。セーヌ河左岸、有名なノートルダム寺院がすぐ近くにあるその場所から、ガロアはパリ市内の様々な場所に通っていたわけです。今年の九月にパリに滞在したときには、宿泊先から出張先のエコール・ノルマル・シュペリエールに通う途中、ベルナルダン通りを歩きました。通りの角から突然ガロアが現れそうなその場所を毎朝通りながら、ガロアの生涯に思いを馳《は》せるのは、ガロアマニアにとっては最上の贅沢《ぜいたく》でしょう。

現在その場所には、ガロアが住んでいたことを偲《しの》ばせるものは一切ありませんが、来年（二〇一一年）には生誕二百年を記念して、フランス数学会で記念プレートを設置する計画もあるようです。これ以外にも、フランス数学会では様々な記念行事を計画していますが、その全体のまとめ役をしているのが、本文中にも登場したパリのエコール・ノルマル・シュペリエールおよびCNRSのイヴ・アンドレ教授です。アンドレさんとはもう十年来のお付き合いをさせてもらっていますが、今回この本を執筆するにあたって、ガロアやガロアの数学に関する様々な資料を提供してもらいました。

前著二冊に引き続いて、今回も中央公論新社の高橋真理子さんに担当していただきました。ガロアの生きた時代と、ユーゴーの『レ・ミゼラブル』の時代設定がほぼ重なっていることを、私に教えてくれたのは高橋さんです。ともすると数学の論文のように、淡白になってしまいがちな私の文章に、今回は少しばかり文学的な装いも付け加えられたかもしれません。もしそうだとしたら、それは高橋さんのおかげです。日々の励ましと、原稿についての細やかなお心遣いを下さったことも併せて、ここに感謝の意を表したいと思います。

二〇一〇年十一月　オランダ・ユトレヒトにて

加藤文元

# 文庫版あとがき

本書『ガロア』は二〇一〇年に中公新書から刊行されました。以来、九年の年月を経て、この度、角川ソフィア文庫から再登場することになりました。その間、多くの数学ファンの皆様にご愛読頂いてきたことに対して、この場を借りて感謝申し上げます。

新書版のあとがきにもありますとおり、この本の最初の構想は、二〇〇九年八月末頃の中央公論新社の高橋真理子さんとの打ち合わせから生まれ、そこから準備を進めて、実際の執筆は二〇一〇年の初頭から春にかけての時期に行いました。発刊は二〇一〇年の年の瀬も押し迫った暮れのことでしたが、これには、その次の年の二〇一一年がガロア生誕二〇〇年であり、それに先行する形での発刊という意味合いがありました。今年（二〇一九年）の十月で、ガロア君は二〇八歳になります。

今回の文庫版では、本文の改訂も行いました。その多くは「てにをは」やフランス語のカナ表記の修正、及び比較的に小規模な言い回しや表現の改訂ですが、大きな補筆もあります。これはガロアの決闘の相手の特定に関連している箇所（第七章・二八五ページ〜）です。

ガロアの決闘の相手に関しては、従来からデルバンヴィル説とデュシャートレ説がありました（どちらもガロアと同じく人民の友社のメンバーです）。新書版を執筆した二〇一〇年当時でも、デュシャートレ説にも根強い支持があったことは事実ですが、大勢としてはデルバンヴィル説が有力であったと思います。そのため、新書版では当初から決闘の相手はデルバンヴィルであったとしていました。今回、文庫版になるこのタイミングで、改めてこの問題について調べてみましたが、やはりガロアの決闘の相手はデルバンヴィルであったという説がもっとも確からしいようです。例えば、今回新しく参考文献に挙げたクールセルによる最近の論考でも、デルバンヴィル説がほとんど既成事実として唱えられています。これらのことを踏まえ、新規に参考文献もいくつか追加して、新たに議論を追加しました。

新書版のあとがきでは二〇一一年には、ガロアが死の直前まで住んでいたベルナルダン通り十六番地にフランス数学会が記念のプレートを設置する予定であると述べています。実際には設置はこれよりかなり遅れましたが、二〇一六年になってプレートはようやく設置されました。パリにお出かけの際には、足を運んでみてはいかがでしょうか。

ともあれ、私のガロア君を追い求めて書いた本書が、装いも新たに再登場できることは、著者として大変嬉しいことですし、今後も多くの人々に読まれ続けて欲しいと思います。

最後に、今回の文庫化に際してお世話になった角川ソフィア文庫編集部の堀由紀子さんと表紙のデザインをして頂いた芦澤泰偉さんに感謝致します。

二〇一九年十二月

加藤文元

# 参考文献

ガロアの生涯についての最初の本格的な伝記はデュピュイによる

・Dupuy, P.: *La vie d'Évariste Galois*, Annales de l'École Normale, 13 (1896), 197-266.

であり、後の伝記はすべてこれを批判的に継承してきたという意味で、最も基本的な文献である。本書の本文中に現れる基本的な事項や引用などで、特に引用元を書かなかったものはこの文献、または

・Bertrand, J.: *La vie d'Évariste Galois par P. Dupuy*, Éloges Académiques, Paris, 1902.
・Rigatelli, L.T.: *Evariste Galois 1811-1832*, Birkhäuser Verlag, Basel, Boston, Berlin, 1996.

からのものである。ガロアの伝記で一般的なものとしては

・インフェルト『ガロアの生涯　神々の愛でし人』市井三郎訳、日本評論社、新装版、二〇〇八年
・ベル『数学をつくった人びと』上下、田中勇・銀林浩訳、東京図書、一九七六年

・彌永昌吉『ガロアの時代 ガロアの数学』第一部 時代篇、シュプリンガー・フェアラーク東京、一九九九年

がある。特にベルの本やインフェルトの本は非常によく読まれているが、かなり〈フィクション化〉の傾向が強く、ロスマンらによって痛烈に批判されている。これらを含めたガロアの生涯についての研究論文としては

・Cooke, R. : *Review : Evariste Galois, 1811-1832,* Amer. Math. Monthly, 105（1998）, 284-288.

・Courcelle, O. : *L'adversaire de Galois(I)*, Images des mathématiques, la recherche mathématique en mots et en images（http://images.math.cnrs.fr/L-adversaire-de-Galois-I.html?lang=fr）

・Infantozzi, C.A. : *Sur la mort d'Évariste Galois,* Revue hist. sci., 21（1968）, 157-160.

・Taton, R. : *Les relations d'Évariste Galois avec les mathématicians de son temps,* Revue hist. sci., 1（1947）, 114-130.

・Taton, R. : *Sur les relations scientifiques d'Augustin Cauchy et d'Évariste Galois,* Revue hist. sci., 24（1971）, 123-148.

・Taton, R. : *Évariste Galois and his contemporaries,* Bull. London Math. Soc., 15（1983）, 107-118.

・Rothman, T. : *Genius and biographers : The fictionalization of Evariste Galois*, Amer. Math. Monthly, 89（1982), no. 2, 84-106.

・Rothman, T. : *Science a la Mode : Physical Fashions and Fictions*, Princeton University Press, April 1989

・Ehrhardt, C. : *L'étudiant Évariste Galois : incompris ou impatient?* Les génies de la science, n°36（2008）.

が挙げられる。最後のエルアルトは最近フランスでも注目を集めている新進の研究者である。ガロア関係の書簡や論文については

・Bourgne, R., J.P. Azra eds. : *Manuscrits et Mémoires Mathématiques d'Evariste Galois : Edition Critique Intégrale de ses Manuscrits et Publication*, Gauthier-Villars, Paris, 1962.

が決定版である。ガロアの遺書は日本語に翻訳されており

・『アーベル／ガロア楕円関数論』高瀬正仁訳、数学史叢書、朝倉書店、一九九八年

に収録されている。その他の参考文献は以下の通り。

・伊東俊太郎「文明の誕生」、『伊東俊太郎著作集第9巻　比較文明史』（麗澤大学出版会、二〇〇九年）所収
・ファン・デル・ヴェルデン『古代文明の数学』加藤文元・鈴木亮太郎訳、日本評論社、二〇〇六年
・ジャン・ヴィアル『教育の歴史』高村昌憲訳、文庫クセジュ、白水社、二〇〇七年
・加藤文元『数学する精神――正しさの創造、美しさの発見』中公新書、中央公論新社、二〇〇七年
・加藤文元『物語 数学の歴史――正しさへの挑戦』中公新書、中央公論新社、二〇〇九年
・木村俊一『天才数学者はこう解いた、こう生きた』講談社選書メチエ、講談社、二〇〇一年
・喜安朗『パリの聖月曜日　19世紀都市騒乱の舞台裏』岩波現代文庫、岩波書店、二〇〇八年
・久賀道郎『ガロアの夢―群論と微分方程式』日本評論社、一九六八年
・クライン『19世紀の数学』彌永昌吉監修、足立恒雄・浪川幸彦監訳、石井省吾・渡辺弘訳、共立出版、一九九五年
・小堀憲『数学の歴史5―18世紀の数学』共立出版、一九七九年
・小堀憲『大数学者』ちくま学芸文庫、二〇一〇年
・シュヴェーグラー『西洋哲学史』下巻、谷川徹三・松村一人訳、岩波文庫、岩波書店、

一九三九年
・高木貞治『近世数学史談』岩波文庫、岩波書店、一九九五年
・マルタン・ナド『ある出稼石工の回想』喜安朗訳、岩波文庫、岩波書店、一九九七年
・藤野幸雄『決闘の話』勉誠出版、二〇〇六年
・ピーター・ペジック『アーベルの証明――「解けない方程式」を解く』山下純一訳、日本評論社、二〇〇五年
・ボタチーニ『解析学の歴史　オイラーからワイアストラスへ』好田順治訳、現代数学社、一九九〇年
・ミシュレ『民衆』大野一道訳、みすず書房、一九七七年
・ヴィクトール・ユーゴー『レ・ミゼラブル』（一～四）豊島与志雄訳、岩波文庫、岩波書店、一九八七年
・André, Y. : *Ambiguity theory, old and new*, Bollettino U.M.I（9）II（2009）, 259-274.
・Boyer, C. : *A history of mathematics, 2nd edition*, Wiley, New York, 1989.
・Raspail, F.-V. : *Lettres sur les Prisons de Paris*, Tome II, Bruxelles. Melink, Cans et Campagnie, 1839.
・Struik, D. : *A concise history of mathematics*, Second revised edition, Dover Publication, Inc., New York, 1948.
・Terquem, O. : *Biographie*, Nouvelles annales de mathématiques, journal des candidats aux écoles polytechnique et normale, Sér. 1, 8（1849）, 448-452.

本書は『ガロア　天才数学者の生涯』（中公新書、二〇一〇年）を加筆修正のうえ、文庫化したものです。

数式作成　フォレスト

# ガロア

## 天才《てんさい》数学者《すうがくしゃ》の生涯《しょうがい》

### 加藤文元《かとうふみはる》

令和2年 1月25日 初版発行
令和6年 11月25日 8版発行

発行者●山下直久

発行●株式会社KADOKAWA
〒102-8177 東京都千代田区富士見2-13-3
電話 0570-002-301(ナビダイヤル)

角川文庫 22016

印刷所●株式会社KADOKAWA
製本所●株式会社KADOKAWA

表紙画●和田三造



●お問い合わせ
https://www.kadokawa.co.jp/ (「お問い合わせ」へお進みください)
※内容によっては、お答えできない場合があります。
※サポートは日本国内のみとさせていただきます。
※Japanese text only


ISBN 978-4-04-400551-1 C0141

◆◇◇

# 角川文庫発刊に際して

角川源義

第二次世界大戦の敗北は、軍事力の敗北であった以上に、私たちの若い文化力の敗退であった。私たちの文化が戦争に対して如何に無力であり、単なるあだ花に過ぎなかったかを、私たちは身を以て体験し痛感した。西洋近代文化の摂取にとって、明治以後八十年の歳月は決して短かすぎたとは言えない。にもかかわらず、近代文化の伝統を確立し、自由な批判と柔軟な良識に富む文化層として自らを形成することに私たちは失敗して来た。そしてこれは、各層への文化の普及滲透を任務とする出版人の責任でもあった。

一九四五年以来、私たちは再び振出しに戻り、第一歩から踏み出すことを余儀なくされた。これは大きな不幸ではあるが、反面、これまでの混沌・未熟・歪曲の中にあった我が国の文化に秩序と確たる基礎を齎らすためには絶好の機会でもある。角川書店は、このような祖国の文化的危機にあたり、微力をも顧みず再建の礎石たるべき抱負と決意とをもって出発したが、ここに創立以来の念願を果すべく角川文庫を発刊する。これまで刊行されたあらゆる全集叢書文庫類の長所と短所とを検討し、古今東西の不朽の典籍を、良心的編集のもとに、廉価に、そして書架にふさわしい美本として、多くのひとびとに提供しようとする。しかし私たちは徒らに百科全書的な知識のジレッタントを作ることを目的とせず、あくまで祖国の文化に秩序と再建への道を示し、この文庫を角川書店の栄ある事業として、今後永久に継続発展せしめ、学芸と教養との殿堂として大成せんことを期したい。多くの読書子の愛情ある忠言と支持とによって、この希望と抱負とを完遂せしめられんことを願う。

一九四九年五月三日

# 角川ソフィア文庫ベストセラー

## とんでもなく役に立つ数学
西成活裕

〝渋滞学〟で著名な東大教授が、高校生たちとの対話を通して数学の楽しさを紹介していく。通勤ラッシュや宇宙ゴミ、犯人さがしなど、身近なところや意外なシーンでの活躍に、数学のイメージも一新！

## とんでもなくおもしろい 仕事に役立つ数学
西成活裕

効率化や予測、危機の回避など、数学を取り入れれば仕事はこんなにスムーズに！ 〝渋滞学〟で有名な東大教授が、実際に現場で解決した例を元に楽しい語り口で「使える数学」を伝えます。興奮の誌面講義！

## 波紋と螺旋とフィボナッチ
近藤　滋

カメの甲羅の成長、シマウマの縞模様、ヒマワリや巻き貝などいたるところで見られるフィボナッチ数……生き物の形には数理が潜んでいた！ 発生学を専門とする生物学者が不思議な関係をやさしく楽しく紹介。

## 食える数学
神永正博

ICカードには乱数、ネットショッピングに因数分解、石油採掘とフーリエ解析――。様々な場面で数学は役立っている！ 企業で働き数学の無力さを痛感した研究者が見出した、生活の中で活躍する数学のお話。

## 無限の果てに何があるか
現代数学への招待

足立恒雄

そもそも「数」とは何か。その体系から、「1＋1はなぜ2なのか」「虚数とは何か」など基礎知識や、非ユークリッド幾何、論理・集合、無限など難解な概念まで丁寧に解説。ゲーデルの不完全性定理もわかる！

# 角川ソフィア文庫ベストセラー

## ゼロからわかる虚数　深川和久

想像上の数である虚数が、実際の数字とも関係してくるのはなぜ？　自然数、分数、無理数……小学校のレベルから数の成り立ちを追い、不思議な実体にせまる！　摩訶不思議な数の魅力と威力をやさしく伝える。

## 数学の魔術師たち　木村俊一

カントール、ラマヌジャン、ヒルベルト——天才的数術師たちのエピソードを交えつつ、無限・矛盾・不完全性など、彼らを駆り立ててきた摩訶不思議な世界を、物語とユーモア溢れる筆致で解き明かす。

## 宇宙入門
### 138億年を読む　池内了

シャボン玉や潮の干満、キリンの斑模様など、身近な自然の不思議から壮大な宇宙のしくみが見えてくる。ビッグバンからエントロピーの法則まで、数式や専門用語をつかわずに宇宙科学を楽しむための案内。

## ここまでわかった宇宙100の謎　監修／福井康雄

「宇宙人はいるの？」「宇宙に星はいくつあるの？」「太陽フレアはどのくらいの威力があるの？」「天体の体積に上限はあるの？」——。素朴な疑問からハイレベルな疑問まで、専門家集団があらゆる謎に回答！

## はじめて読む数学の歴史　上垣渉

数学の歴史は〝全能神〟へ近づこうとする人間的営みだ！　古代オリエントから確率論・解析幾何学・微積分法などの近代数学まで。躍動する歴史が心を魅了し、知的な面白さに引き込まれていく数学史の決定版。

# 角川ソフィア文庫ベストセラー

## ニュートンに消された男 ロバート・フック
中島秀人

「フックの法則」。いまも教科書で誰もが名前を見る科学者、フック。しかし、彼の肖像画は一枚もない。ニュートンがその存在を消したからだ！　本当の業績と実像に迫る、大佛次郎賞を受賞した本格科学評伝。

## 大人に役立つ算数
小宮山博仁

方程式をあえて使わず、計算式や図をかいて、手を動かして答えを導く算数。先を読み、順序だてて物事を考える算数的発想は、数学よりも日常生活や仕事に応用しやすい。大人だからこそ楽しめる、算数再入門。

## 日本昆虫記
大町文衛

「コオロギ博士」と親しまれた著者の代表作。昆虫への愛情を十分に堪能できるエッセイ。目出度い虫、大きい虫、小さい虫、虫の母、虫の父、光る虫、鳴く虫などを収録。自然あふれるミクロの世界へ誘う名随筆。

## 脳はなにを見ているのか
藤田一郎

「見る」という行為を通して、脳の働きを紹介。ふだん何気なく見ている風景が、脳によって「変換」されていることを、多くの錯視画を用いながら解説していく。ワクワクするような脳科学の世界へようこそ！

## 生物にとって時間とは何か
池田清彦

生命の核心をなす生物固有の時間とは。突然変異を呼び込むDNA複製システムや、未知のウイルスに備える免疫システムなど、未来を探る生物の姿を紹介。時間の観点から生物学の新たな眺望を拓く根源的生命論。

# 角川ソフィア文庫ベストセラー

## 初歩から学ぶ生物学　池田清彦

人はなぜ死ぬの？ 進化や遺伝の仕組みとは？ なぜオスとメスがいるの？ 人気生物学者が、教科書以前の素朴な疑問から具体例を厳選し、要点から体系的にわかりやすく解説。生物の原理に迫る恰好の入門書。

## 脳からみた心　山鳥　重

目を閉じてと言われると口を開く失語症。見えない眼で点滅する光源を指さす盲視。神経心理学の第一人者が脳損傷の不思議な臨床例を通して脳と心のダイナミズムを解説。心とは何かという永遠の問いに迫る不朽の名著。

## 読む数学　瀬山士郎

XやYは何を表す？ 方程式を解くとはどういうこと？ その意味や目的がわからないまま勉強していた数学の根本的な疑問が氷解！ 数の歴史やエピソードとともに、数学の本当の魅力や美しさがわかる。

## 読む数学　数列の不思議　瀬山士郎

等差数列、等比数列、ファレイ数、フィボナッチ数列ほか個性溢れる例題を多数紹介。入試問題やパズル等も使いながら、抽象世界に潜む驚きの法則性と数学の「手触り」を発見する極上の数学読本。

## 読む数学記号　瀬山士郎

記号の読み・意味・使い方を初歩から解説。小学校で習う「1・2・3」から始めて、中学・高校・大学初年レベルへとステップアップする。数学はもっと面白く身近になる！ 学び直しにも最適な入門読本。

# 角川ソフィア文庫ベストセラー

読むトポロジー　瀬山士郎

一筆書き、メビウスの帯、クライン管、ポアンカレ予想などの例をもちいて、興味深い図版を豊富に駆使しつつ、幾何学の不思議な形の世界へと案内する。数学的直観を刺激し、パズル感覚で読める格好の入門書。

数学物語　新装版　矢野健太郎

動物には数がわかるのか？　人類の祖先はどのように数を数えていたのか？　バビロニアでの数字誕生からパスカル、ニュートンなど大数学者の功績まで、数学の発展のドラマとその楽しさを伝えるロングセラー。

確率のはなし　矢野健太郎

25人のパーティで同じ誕生日の2人が出会うのは偶然？　それとも必然？　期待値、ドゥ・モルガンの法則、パスカルの三角形といった数学の基本へ。世界的数学者が、実例を挙げてやさしく誘う確率論の基本。

空気の発見　三宅泰雄

空気に重さがあることが発見されて以来、様々な気体の種類や特性が分かってきた。空はなぜ青いのか、空気中にアンモニアが含まれるのはなぜか――。身近な疑問や発見を解き明かし、科学が楽しくなる名著。

進化論の挑戦　佐倉統

生命四〇億年の歴史を論じる進化論には、指針となる思想への鍵が潜んでいる――。倫理観、宗教観、優生思想、自然保護など、人類文明が辿ってきた領域を進化論的側面から位置付け直し、新たな思想を提示する。

# 角川ソフィア文庫ベストセラー

## 失敗のメカニズム
忘れ物から巨大事故まで
芳賀　繁

物忘れ、間違い電話、交通事故、原発事故――。当人の能力や意図にかかわらず引き起こされてしまう失敗を「ヒューマンエラー」と位置付け、ミスをおかしやすい人や組織、環境、その仕組みと対策を解き明かす！

## 宇宙「96％の謎」
宇宙の誕生と驚異の未来像
佐藤勝彦

時空も存在しない無の世界に生まれた極小の宇宙。それは一瞬で爆発的に膨張し火の玉となった！　高精度観測が解明する宇宙誕生と未来の姿、そして宇宙の96％を占めるダークマターの正体とは。最新宇宙論入門。

## アインシュタインの宇宙
最新宇宙学と謎の「宇宙項」
佐藤勝彦

波であり粒子でもある光とは何か？　「特殊相対性理論」をはじめとするアインシュタインの三論文が切り拓いた現代宇宙論の全史を徹底的に解説。宇宙再膨張の鍵を握る真空エネルギーと「宇宙項」の謎に迫る。

## 眺めて愛でる数式美術館
竹内　薫

$E=mc^2$ のシンプルさに感じ入り、$\sqrt{2}$の$\sqrt{2}$乗の$\sqrt{2}$乗……が2に近づくことにおどろく。古今東西から美しく、奇妙な数式をあつめました。摩訶不思議な世界にどっぷりつかれる唯一無二の美術館、開館！

## 神が愛した天才数学者たち
吉永良正

ギリシア一の賢人ピタゴラス、魔術師ニュートン、数学王ガウス、決闘に斃れたガロア――。数学者たちの波瀾万丈の生涯をたどると、数学はぐっと身近になる！　中学生から愉しめる、数学人物伝のベストセラー。

# 角川ソフィア文庫ベストセラー

バカはなおせる
脳を鍛える習慣、悪くする習慣
久保田　競

神が愛した天才科学者たち
山田大隆

アスリートの科学
身体に秘められた能力
小田伸午

赤ちゃんは顔をよむ
山口真美

科学するブッダ
犀の角たち
佐々木　閑

貧乏ゆすりで試験の点数アップ？　脳機能の日本最高権威が、最新脳科学で驚きの事実を解き明かす。脳の鍛え方、脳に良い食べ物ほか、身近で実践的なノウハウ満載。誰でもいくつになってもアタマは良くなる！

メモ魔だったニュートン、本を読まなかったアインシュタイン、酒好きだった野口英世ほか、天才たちの意外な素顔やエピソードを徹底紹介。偉業の陰にあったドラマチックな人生に、驚き、笑い、勇気をもらう。

世界の一流アスリートの動きは、頭の中の錯覚を削ぎ落とし、感覚を研ぎ澄ますことから生まれる。アスリートたちが見せる驚きのパフォーマンスの事例を挙げ、科学と感覚の両面から、身体運動の不思議に迫る。

これまで、生まれたばかりの赤ちゃんはぼんやりとしか目が見えないと考えられていたが、数日後には母親の顔を好んで見ることがわかってきた！「顔をよむ」ことで発達する驚きのメカニズムを解き明かす。

科学と仏教、このまったく無関係に見える二つの人間活動には驚くべき共通性があった。理系出身の仏教学者が固定観念をくつがえし、両者の知られざる関係を明らかにする。驚きと発見に満ちた知的冒険の書。

# 角川ソフィア文庫ベストセラー

## 感染症の世界史
石 弘之

コレラ、エボラ出血熱、インフルエンザ……征服しては新たな姿となって生まれ変わる微生物と、人類は長い「軍拡競争」の歴史を繰り返してきた。40億年の地球環境史の視点から、感染症の正体にせまる。

## 鉄条網の世界史
石 弘之
石 紀美子

鉄条網は19世紀のアメリカで、家畜を守るために発明された。一方で、いつしか人々を分断するために用いられていく。この負の発明はいかに人々の運命を変えたのか。全容を追った唯一無二の近現代史。

## カクレキリシタン
### 現代に生きる民俗信仰
宮崎賢太郎

潜伏時代の信仰を守る人々、カクレキリシタン。だが彼らは隠れてもいなければ、キリシタンでもない。その信仰世界はキリスト教とは大きく異なり、日本の伝統的な神観念と融合していた。独自宗教を活写する。

## 死なないでいる理由
鷲田清一

〈わたし〉が他者の思いの宛先でなくなったとき、ひとは〈わたし〉を喪い、存在しなくなる――。現代社会が抱え込む、生きること、老いることの意味、そして〈いのち〉のあり方を滋味深く綴る。

## 大事なものは見えにくい
鷲田清一

ひとは他者とのインターディペンデンス（相互依存）でなりたっている。「わたし」の生も死も、在ることの理由も、他者とのつながりのなかにある。日常の隙間からの「問い」と向き合う、鷲田哲学の真骨頂。